梓年青年论丛（四）

梁娜 ◎ 主编

吉林大学出版社

长春

图书在版编目（CIP）数据

梓年青年论丛. 四 / 梁娜主编. -- 长春：吉林大
学出版社，2021.11
ISBN 978-7-5692-9471-2

Ⅰ. ①梓… Ⅱ. ①梁… Ⅲ. ①青年工作—中国—文集
Ⅳ. ① D432.6-53

中国版本图书馆 CIP 数据核字 (2021) 第 223840 号

书　　名：梓年青年论丛（四）
　　　　　ZINIAN QINGNIAN LUNCONG（SI）
作　　者：梁　娜　主编
策划编辑：卢　婵
责任编辑：赵黎黎
责任校对：王　蕾
装帧设计：叶杨杨
出版发行：吉林大学出版社
社　　址：长春市人民大街 4059 号
邮政编码：130021
发行电话：0431-89580028/29/21
网　　址：http://www.jlup.com.cn
电子邮箱：jldxcbs@sina.com
印　　刷：武汉鑫佳捷印务有限公司
开　　本：787mm×1092mm　　　1/16
印　　张：15
字　　数：270 千字
版　　次：2021 年 11 月　第 1 版
印　　次：2022 年 2 月　第 1 次
书　　号：ISBN 978-7-5692-9471-2
定　　价：65.00 元

梓年青年论丛（四）

顾　问：栾永玉　覃　红　刘仁山

主　编：梁　娜

副主编：李司铎　张艳芸

编　委：夏东伟　胡　瑢　刘诗卉　潘　芳
　　　　赵长越　吴　昊

序　言

　　2021年是中国共产党成立100周年，是学校以新时代教育评价改革为牵引全面推进"十四五"开局和"双一流"建设之年，也是我校共青团工作改革的成果验收之年。

　　这一年，校团委面向全校各级团学组织、全体团员青年开展"学党史、强信念、跟党走"主题学习教育，紧密结合学校共青团和团员青年实际，坚持理论学习和实践教育相结合，通过入团仪式、主题团日活动和庆祝建党100周年系列教育活动将主题学习融入"三会两制一课"和团员先进性教育，通过"我为同学做件事"主题实践和"读懂中国"百年百项专项社会实践活动，带领团员青年学史明理、学史增信、学史崇德、学史力行。

　　这一年，校团委持续巩固共青团组织建设，深化工作改革。加强学院团委（团总支）对班级团支部的工作联系与指导，持续推进全校基层团组织"对标定级"工作，夯实基础团务，整治软弱涣散组织，发展创新团支部，激发团支部活力；组织"希贤学堂"分层次一体化团学骨干培训，开展"青年马克思主义者培养工程"，培育一批坚定的青年马克思主义者；做好共青团改革量化评估工作，规范召开团代会、学代会、研代会，将团学工作改革落地、落实、落细；扎实推进《学生社团建设管理实施细则》等相关制度的修订和实施，切实发挥好学生社团繁荣校园文化、服务学生发展的积极作用。

这一年，校团委深入学习贯彻新时代教育评价改革精神，有效提升共青团工作贡献度。通过建好、用好"第二课堂成绩单"制度，为学生德智体美劳全面发展搭建平台、提供服务；通过开展庆祝建党100周年系列高雅艺术展演、群众艺术教育实践活动，落实美育"三年行动计划"；通过美丽校园创建、社会实践、志愿服务和创新创业训练等劳动教育实践活动的开展，推动"五个一"劳动教育体系有效落实；通过大学生素质教育中心和中国建设银行"创业者港湾"项目的建设管理，推动学校新时代创新创业教育改革与实践。

为进一步做好新形势下的共青团和青年工作规律方法的学习研究，提升工作的专业化和科学化水平，校团委、校青年研究中心面向全校专兼职团干部、青年学生研究员和关心、支持共青团工作的学生工作者、本科生、研究生进行《梓年青年论丛（四）》的征稿。本书围绕2021年三个方面的重点工作，分为团学工作改革与创新、"四史"学习研究与思考和"五育"并举探索与实践三个篇章，为下一阶段学校共青团工作的开展提供借鉴和启迪。

深化团学工作改革创新是共青团学习贯彻习近平总书记系列重要论述的关键环节。学校共青团要有将改革进行到底的责任感和紧迫感，紧跟国家治理体系和治理能力现代化步伐，进一步刀刃向内，强化自身革命锻造，推动团的思维习惯、工作方法和工作理念革故鼎新，把握新发展阶段、贯彻新发展理念、构建新发展格局，切实提升学校共青团的组织力、引领力、服务力。

加强"四史"学习研究是共青团学习贯彻习近平总书记关于系列重要论述的着力重点。学校共青团要通过带领青年加强对党史、新中国史、改革开放史和社会主义发展史的学习研究，从理论逻辑、实践逻辑、工作逻辑和方法逻辑等角度持续深化政治理论学习，不断提高政治判断力、政治领悟力和政治执行力，始终坚持立足党的助手和后备军这一根本政治定位，忠实履行为党培养堪当民族复兴重任的时代新人这一政治任务，更好地成为党联系青年的桥梁和纽带。

　　加强"五育"并举的探索实践是共青团学习贯彻习近平总书记系列重要论述的具体抓手。学校共青团要将工作主动融入高校德智体美劳育人体系，积极探索、科学实践，进一步提高对人才培养、学校发展和国家战略的大局贡献度，组织引领青年在紧跟党奋进第二个百年奋斗目标的宏阔征程中做出积极贡献，用青春书写时代答卷。

　　是为序。

覃　红

2021 年 9 月 13 日

目　录

第一部分　团学工作改革与创新

党建带团建背景下支部主题团日活动创新研究：以团支部

　　主题团日活动创新设计为例……………………………………　2

依托党建带团建加强和改进支部主题团日活动创新研究……………　10

新时代高校共青团第二课堂思想政治引领路径探究…………………　16

高校共青团"第二课堂成绩单"制度优化路径探析

　　——以中南财经政法大学"第二课堂成绩单"制度为例………　24

浅谈高校学生社团管理的改革与创新

　　——以中南财经政法大学为例…………………………………　31

团学工作视角下大学生政治认同路径研究……………………………　37

传承红色基因　青年读懂中国社会实践育人共同体机制研究………　51

"十四五"发展规划中高校共青团组织对法学人才培养的优化路径探析

　　——以中南财经政法大学法学院为例…………………………　60

工匠精神推进团学工作改革的价值与路径……………………………　68

党建带团建背景下加强共青团建设研究

    ——基于中南财经政法大学文澜学院工作实例…………… 82

新时期高校基层团组织活力提升探索………………………… 92

第二部分 "四史"学习研究与思考

建党百年背景下高校"四史"教育的分析与实践………… 102

新时代如何进一步坚定青年学生文化自信………………… 115

关于创新高校"四史"学习机制的若干思考

    ——以实践育人强化"四史"学习为切入口…………… 123

党建引领构建红色网格的理论机理与实践路径…………… 133

第三部分 "五育"并举探索与实践

基于大学生行为模式的价值观培育体系构建研究

    ——以中南财经政法大学为例…………………………… 152

高校团学活动"五育并举"模式路径探析………………… 162

网络热词视角下大学生价值观解构与引导策略探究……… 171

开启"立德树人"户外运动体育教育课程课外锻炼

    实践新模式…………………………………………………… 185

体育赛事中大学生志愿者的有效激励研究

    ——以2019年世界军人运动会为例 ………………… 194

优秀传统文化传承与创新

    ——以中华古诗词吟唱为例 ………………………………… 214

"三全育人"背景下高校劳动教育实践路径研究…………… 224

第一部分

团学工作改革与创新

党建带团建背景下支部主题团日活动创新研究：以团支部主题团日活动创新设计为例

梁　娜

（中南财经政法大学团委）

摘　要：党团组织与党团关系发展的历史表明，团日活动是在团的建设实践中探索和总结出来的成功实践，是加强高校团学工作的重要保障，是高校党组织通过团组织开展的群众工作，也是动员广大师生为完成党的中心任务而奋斗的重要工作。本文立足党建带团建背景下支部主题团日活动创新研究背景，以当前高校团支部普遍存在的团日活动"重形式轻内容""活动娱乐化"等现象问题入手，研究分析团支部主题团日活动设计创新，探讨新时代高校基层团支部创新建设的方法路径。

关键词：团支部；主题；团日活动；创新设计

青年兴则国家兴，青年强则国家强。党的十八大以来，习近平总书记站在党的事业薪火相传、后继有人的战略高度，重视、关心青少年和共青团工作。《中共中央关于加强和改进党的群团工作的意见》明确指出：把党团关系上升到治国理政的一项经常性、基础性工作的高度，将其作为党组织动员广大青年的法宝，并进一步强调了加强和改进共青团工作的重要性和紧迫性，应坚定不移地走中国特色社会主义党团发展道路。《共青团中央改革方案》要求"加大党委和政府对共青团工作的支持保障力度。落实党建带团建制度，推动把团建纳入各级党委党建工作规划和年度考核内容"。《中长期青年发展规划（2016—2025年）》明确提出，"坚持党管青年原则"，这是党的青年工作的重大原则。

支部主题团日活动是高校共青团组织开展思想政治工作的重要形式和工作载体，是具有青年特点、受广大团员欢迎的、具有鲜明时代特点和文化内涵的团组织活动。项目研究坚持问题导向，实证研究务实，从理念转变和格局构建上切实推动新时代支部主题团日活动的创新，找准高校共青团开展"三全育人"工作聚焦点、切入点、结合点，创新基层团组织的活动方式，增强基层团组织的活力，激发学生的自觉性、积极性、主动性，增强团组织的吸引力、凝聚力和战斗力。

随着共青团改革的深入推进，在夯实基层工作基础、支部有效覆盖、支部活力建设等方面，确实存在一些共性的问题和现象。通过研究发现，基层团支部在落实上级团组织工作部署，开展支部主题团日活动方面仍然存在"重形式轻内容""活动娱乐化"两个方面的突出问题，在对标党支部建设的基础上，旨在通过本文的研究，创新设计支部主题团日活动，深化落实当前新形势下共青团改革任务要求。

一、存在问题

（一）"重形式轻内容"现象

在对基层团支部开展主题团日活动的调研过程中，我们不难发现，部分团支部开展活动时存在形式要件都具备，但思想性政治性不足、内容单一、活动创新性不高。这类团支部活动的确契合了上级党、团组织的工作要求，也在一定程度上发挥了育德、育人功效，基本符合党建带团建背景下的支部团日活动要求，但在调研过程中，据参与此类支部活动的团员反馈：认为此类活动的思想性、教育性、创新性不足，团员主动参与的意识不强，过程中的互动式交流不够，多为被动式参与和学习。

杨丽君、贾喆等学者在《高校共青团主题团日活动创新的思考》中也指出当前的团日活动存在形式主义倾向，部分基层团组织思想认识不到位，对团日活动敷衍了事，不可避免地出现团日活动"走过场"等现象。汪治国在《浅谈高校主题团日活动的创新和发展》中提出团日活动的内容主题过于传统单调，创新意识不足，难以找到与当下大学生兴趣与学习生活的契合点或者重复举办类似的活动，致使学生产生审美疲劳，失去新鲜感和吸引力；同时，汪治国也指出团日活动普遍缺乏反馈机制，影响活动的层次和参与活动的动力。

（二）"活动娱乐化"现象

国家进入"十四五"发展阶段，随着科技创新政策的深入推进，科学技术的迅猛发展，越来越多的高校学生受网络信息、社会环境、现代文化等影响，存在一定的浮躁化、快餐式、焦虑型的心理行为倾向，反映在校园生活及活动中，会存在一定的娱乐化倾向，例如：网红、直播、电子竞技等活动逐渐走进现在的团日活动形式中。严杰在《高校主题团日活动创新措施研究》中认为团日活动还有过度娱乐化的苗头，部分团组织迎合当今娱乐化的风气，团日活动内容大多轻思想教育、重娱乐氛围，忽视了团日活动的本质。

从调研情况来看，活动思想性政治性不足，青年学生受社会环境的影响，团员主动学习意识和积极性不高，活动宣传动员不灵活，活动组织不规范，形式缺乏创新设计，策划存在盲目性，活动定位、方式、价值认知不准确等均为影响主题团日活动发挥积极作用的主要原因。

二、研究思考

通过深入武汉地区多所高校进行实地考察，了解各校团支部发展情况，笔者在发现上述问题的同时，也探索到很多富有亮点的团支部，形成一些研究思考，作为新时代落实共青团改革，加强团支部主题团日活动创新的典型案例。

（一）"理论＋专业"组合拳：打造"知识型"团支部

中国地质大学（武汉）5-071183 团支部结合专业特色，积极开展班级科技活动，提出了"科技兴班"的理念，大力鼓励和引导同学们参加科技活动，同时也组织班级内部各项科技活动，如收音机制作、专利申请等。

武汉理工大学英法 sy1901 团支部立足学院"卓越双语人才"培养方案，熔铸英法双语特色，创新推行听、说、读、写四大语言学习必备方法，迁移至学习"习近平新时代中国特色社会主义思想"，成立了"听说读写"四个团小组，将学习新思想与英法专业特色相融合，建立了独特的 System（体系）、Orientation（目标）、Norm（规制）and Group（小组）（SONG）理论学习体系。

中南财经政法大学法经1901团支部立足专业特点，开展特色团日活动，举办"法经杯"支部辩论赛，结合自身经管法融通的专业特点，探讨"商业模式""法律问题"；开展"今日说法"普法系列活动，积极参与校园普法之微视频大赛、积极开展社区普法之云普法讲座、社会普法之信访服务，取得了良好的普法成效。

这些团支部立足"第一课堂"，将理论学习与自身专业特色融于一体，在专业学习中深刻领悟理论知识，打造新时代知识型支部，激发支部学习能量，焕发支部学习活力。

（二）"传承＋发扬"中国文化：打造"文化型"团支部

中南财经政法大学金融1903团支部创新升级活动方式，丰富支部精神的具体内涵，融入艺术性与创造力，赋予其生机活力，打造支部"特色小剧场"，用更加生动有趣的形式促进支部成员对团日活动主题的理解。该支部以历史为基点，走入辛亥革命纪念馆、蛇山烈士祠，重温艰辛革命建设之路，并分组创作剧本，表演主题情景剧；以传统文化为土壤，开办支部艺术节，展示民族音乐、舞蹈，学习古典礼仪、诗词，在文化的熏陶中延续中华名族优秀传统文化。

针对当前红色文化教育存在理论化、形式化的特点，中南财经政法大学星火燎原团支部秉持推进红色文化传播为重点，开展形式多样的特色团日活动，从探寻红色精神，到传承红色使命，再到宣传红色文化，支部致力于打造明信片等文创产品，其以文创产品撬动支部活力，提升支部影响力。

新时代团支部在党建带团建的背景下，植根文化土壤，挖掘思想内涵，积极发扬红色文化和传统文化，创新团日活动形式，以文化出"新"，打造新时代"文化型"团支部。

（三）"'互联网＋'响应国家战略要求"：打造"学习实践型"团支部

2020年新冠肺炎疫情期间，全国各地经济受到影响，为响应党和国家的号召，助力贫困地区的经济复苏，武汉科技大学第五期英才领航班团支部积极学习习近平总书记对"疫情防控""脱贫攻坚"等国家战略的工作要求，主动与学校定点扶贫点联系进行助农直播活动，支部成员分别在8月20日和10月10日在重庆市武隆区和湖北省保康县开展公益助农直播带货活动。支部成员通过在抖音、快手等流量平台发布视频的方式，在前期积累分数，扩大宣传力度，在20天的时间内，发表了15助农动态，收获1 000多位粉丝。

中南财经政法大学研究生支教团团支部围绕"教育扶贫"要求，在学习习近平总书记给西部支教毕业生群体代表回信精神的基础上，结合甘肃酒泉、湖北恩施两处支教地开展线上教育帮扶工作，密切关注支教地孩子的心理、学习、生活状态。酒泉分队展开了大手牵小手之战"疫"领航计划，为服务地学子开展心理帮扶和学业指导，最大限度地减少疫情对学生课程学习和心理状态的影响；恩施分队对支教地开展"追梦云课堂"活动，内容涉及战"疫"先进事迹教育、防疫知识、生命教育、公共安全教育和心理健康教育，线上授课持续12天，覆盖咸丰中等职业技术学校15个班级，总听课人数达721人。

不管是直播带货助农复产，还是以线上方式学习新思想落实新要求，新时代团支部都大胆尝试，与时俱进，多途径、多思路、多方面地让更多青年学生为决胜脱贫攻坚战贡献力量，创建学习实践型支部。

三、方法路径

结合上述调查研究，关于加强改进新时代高校基层团支部主题团日活动的创新设计，笔者认为有以下三点方法路径。

（一）形式创新中始终坚持思想政治引领

习近平总书记指出，共青团是党的助手和后备军。高校是培养青年的主阵地，高校共青团在全国共青团组织中具有基础性、战略性、源头性地位。高校共青团必须紧紧围绕当好党的助手和后备军这一政治定位，做好党联系青年群众的桥梁和纽带。高校共青团应对准基层团组织建设的薄弱环节精准发力，充分发扬党旗引领作用，党建带团建，团建促党建。

对标党支部建设，增强团的组织力。党建带团建，根本在"建"，关键在"带"。"建"就是在党的领导下，不断加强高校共青团自身建设，通过支部主题团日活动把组织有效覆盖到每一名团员，不断增强组织的内在活力，不断增强组织的吸引力、凝聚力、战斗力。

对标党支部建设，增强团的引领力。团支部应坚持用创新理念作为指导，创新性学习、阐释党的理论、方针和政策。针对95后00后的学生性格行为特征、思维活跃特点，改革传统的说教式教育引领方式，应依托支部特色、团员特点，开展鲜活生动的案例教育教学和思想引领活动，使学习教育入脑入心，将政治引领以润物无声的方式融入形式新颖的主题团日活动中，增强思想政治工作的时代感和实效性。

对标党支部建设，增强团的服务力。团支部应根据支部成员的实际成长需求，制订切实服务于广大同学思想进步、素质提升、生活需要、心理满足、实习就业等方面的帮扶措施，以服务凝聚团支部成员，在对支部产生强烈认同感的基础上开展支部活动，能起到事半功倍的效果。

（二）规范建设中激发团支部建设活力

改进单一、枯燥的传统团日活动模式，打破团员对团日活动刻板印象，寻亮点，融生机，将年轻有趣、活泼新鲜的元素融入团日活动中，以青年团员喜闻乐见的方式打造知识型、文化型、学习实践型团支部；同时，将团日活动与传统文化、支部文化、校园文化结合起来，形成团支部特色品牌，营造团支部特色文化，让团日活动的形式和外延得到不断延续发展与创新优化。

（三）思想宣传中传播主流价值文化

随着新媒体技术的发展，微博、微信、抖音等网络平台迅速吸引了青年群体的注意力。基层团支部宣传应与时俱进，积极发挥新媒体传播优势，助力打造校、院、班（团）团学组织新媒体传播矩阵。利用网络传播的互动性强、宣传速度快等优势特点，用主流价值文化吸引青年群体的广泛关注。

在开展团日活动前，活动的组织者一方面应利用网络优势，开展网上调研，征集青年关心、青年喜欢的网上团日活动主题；另一方面，利用网络优势，组织"网上团日"主题活动，不但可以扩大宣传氛围，而且也符合节能环保的时代风尚。

支部主题团日活动是高校规范团的"三会两制一课"、加强基层团支部建设、夯实团学工作基础的重要保障和主要载体，也是高校党委做好共青团工作和学生思想引领工作的有力抓手。为改善高校基层团支部目前存在的"重形式轻内容""活动娱乐化"等问题现状，在此文的研究基础上，希望对高校党建带团建背景下，加强支部团日活动创新设计有一定的启发意义。

参考文献

［1］杨丽君，贾喆. 高校共青团主题团日活动创新的思考——以齐鲁医药学院护理学院主题团日活动开展为例［J］. 教育教学论坛，2018（35）.

［2］汪治国. 浅谈高校主题团日活动的创新和发展［J］. 教育教学论坛，

2011（26）.

［3］严杰. 高校主题团日活动创新措施研究［J］. 人力资源管理，2018（01）.

［4］王杰. 新建本科院校主题团日活动创新研究——以运城学院为例［J］. 运城学院学报，2017，35（02）.

［5］高东洋. 以团日活动为载体 推进基层团建工作［J］. 山东省青年管理干部学院学报，2005（02）.

［6］吴俊宏，郑涛，秦卫东. 高校学生团日活动现状分析及对策研究［J］. 数字化用户，2013，19（12）.

［7］任云. 坚持正方向 传播正能量——高校主题团日活动的主题选择和价值取向探微［J］. 才智，2013（03）.

［8］王喜，李晶晶，李俊伟. 高校大学生教育视角下党建带团建加强共青团工作的研究［J］. 知识经济，2018（18）.

［9］李莲花. 新形势下高校团日活动的创新与发展研究——以新疆大学为例［J］. 商界论坛，2015（45）.

［10］梁天琛. "三坚持三着力"促进团建工作再提升［J］. 中国共青团，2019（01）.

［11］叶婷. 新时期高校团日活动研究［J］. 教育与职业，2013（06）.

［12］陈婷. 高校基层团组织活力提升创新路径——以团日活动为切入点［J］. 中外企业家，2017（18）.

［13］张文鲜. 高校团日活动开展现状及对策研究［J］. 科技经济导刊，2016（09）.

［14］白洋，孙波. 精致化管理模式下高校团日活动创新的引导与管理［J］. 吉林省教育学院学报，2016，32（08）.

［15］姜宇婷. 高校班级开展团日活动存在的问题及研究［J］. 湘潮（下半月），2013（01）.

［16］周琳瑜，魏书华，孙挚诚. 新媒体下高校团日活动开展的对策研究［J］. 教育观察（上半月），2015，4（08）.

依托党建带团建加强和改进支部主题团日活动创新研究 ①

范献龙

（中南财经政法大学学生工作部、人民武装部）

党团组织与党团关系发展的历史表明，党建带团建是在团的建设实践中探索和总结出来的成功经验。高校党建带团建是高校党建工作的重要内容，是加强高校党的群团工作的重要保障，是高校党组织通过共青团组织开展群众工作的重要手段，有助于高校党组织发挥战斗堡垒作用和共产党员先锋模范作用，深化高校共青团"强三性、去四化"，组织动员广大师生为完成党的中心任务而奋斗。办好中国特色社会主义高校，必须加强党对高校的全面领导，在"全团抓学校"的背景下，高校要始终坚持党管教育和党管青年原则，切实加强党建带团建，深入推进高校共青团改革，以高校党组织和共青团组织的互促互建为依托，教育引导广大青年听党话，跟党走。支部主题团日活动是高校共青团组织开展大学生思想政治教育和加强基层团组织建设的重要载体和有效途径，是团员青年在团日活动中主体地位的具体体现。相关研究表明，高校落实立德树人根本任务，开展"三全育人"工作，依托党建带团建加强和改进支部主题团日活动创新对于加

① 本文系中南财经政法大学 2019 年度中央高校基本科研业务费"三全育人"项目"党建带团建背景下支部主题团日活动创新研究"（项目编号：2722019SQY05）的研究成果。

强高校党组织对共青团组织的领导，助力"双一流"建设，做好大学生思想政治教育工作的重要性日益凸显。

一、高校支部主题团日活动现状分析和创新探索

（一）高校支部主题团日活动的现状分析

近几年，随着共青团的改革发展和高校自身的不断建设，高校主题团日活动中存在的问题逐渐浮现出来，其优势和作用并没有得到充分的发挥。

杨丽君、贾喆等学者在《高校共青团主题团日活动创新的思考》中指出，当前团日活动存在形式主义倾向，部分基层团组织思想认识不到位，对团日活动敷衍了事，不可避免地出现团日活动"走过场"等现象[1]。汪治国在《浅谈高校主题团日活动的创新和发展》中提出团日活动的内容主题过于传统单调，创新意识不足，难以找到与当下大学生兴趣与学习生活的契合点或者重复举办类似的活动，致使学生产生审美疲劳，失去新鲜感和吸引力；同时汪治国也指出高校主题团日活动普遍缺乏反馈机制，影响活动的层次和参与活动的动力[2]。严杰在《高校主题团日活动创新措施研究》中认为团日活动还有过度娱乐化的苗头，部分团组织迎合当今娱乐化的风气，团日活动内容大多轻思想教育、重娱乐氛围，忽视了团日活动的本质[3]。

团员自身意识和积极性不高；活动宣传动员不灵活；活动组织不规范，缺乏创新；活动策划存在盲目性，活动定位、方式、价值认知不准确等也是抑制高校主题团日活动发挥积极作用的主因。

（二）高校支部主题团日活动的创新探索

王杰在《新建本科院校主题团日活动创新研究》中提出主题及内容的创新，"因时因事"，结合时事热点把握团员青年感兴趣的又具教育意义的主题，比如传统文化教育和志愿服务。同时他们也强调要注重形式上的创新，要结合各专业各年级学生的特点和需求，开展如参观考察、竞赛评比等形式的团日活动。王杰还颇有见地地提出了载体创新，即利用现代网

络新媒体技术，推进网络信息化，打造"网上团日"，深化活动效果[4]。另外，高东洋在《以团日活动为载体，推进基层团建工作》中指出建立严格的考评机制，把团日活动中的表现纳入团组织的评价体系，根据团日活动的优劣予以一定的表彰和批评[5]。

二、依托党建带团建加强和改进支部主题团日活动的重要意义

自党的十八大以来，习近平总书记站在党的事业薪火相传、后继有人的战略高度，重视、关心青少年和共青团工作，既着眼党和国家事业全局、又照顾青少年和共青团工作特点，提出了党的青年工作的一系列重大战略思想、重大理论观点、重大决策部署。2015年7月，习近平总书记在党的历史上第一次由党中央召开党的群团工作会议上强调，群团事业是党的事业的重要组成部分。党的群团工作是党通过群团组织开展的群众工作，是党组织动员广大人民群众为完成党的中心任务而奋斗的重要工作。这是我们党的一大创举，也是我们党的一大优势。《中共中央关于加强和改进党的群团工作的意见》明确指出：把党团关系上升到治国理政的一项经常性、基础性工作的高度，将其作为党组织动员广大青年的法宝，并进一步强调了加强和改进共青团工作的重要性和紧迫性，应坚定不移地走中国特色社会主义党团发展道路。《共青团中央改革方案》要求"加大党委和政府对共青团工作的支持保障力度。落实党建带团建制度，推动把团建纳入各级党委党建工作规划和年度考核内容"。《中长期青年发展规划（2016—2025年）》明确提出，"坚持党管青年原则"，这是党的青年工作的重大原则。党的十九大修订的《中国共产党章程》中明确"中国共产主义青年团是中国共产党领导的先进青年的群团组织，是广大青年在实践中学习中国特色社会主义和共产主义的学校，是党的助手和后备军"。

新形势下，习近平总书记强调，共青团要紧跟党走在时代前列、走在青年前列，团结带领广大青年在实现中华民族伟大复兴的征途中续写新的光荣。

党建带团建是新时期高校思想政治工作的切入点，也为支部主题团日

活动创新提供了理论保障、道路支撑、方法指导，依托党建带团建加强和改进高校支部主题团日活动对于助力高校健全立德树人落实机制，完善"三全育人"工作，改进大学生思想政治工作，意义重大而深远。

三、依托党建带团建加强和改进支部主题团日活动的工作建议

支部主题团日活动是高校共青团组织开展思想政治工作的重要形式和工作载体，是具有青年特点、受广大团员欢迎的、具有鲜明时代特点和文化内涵的团组织活动。高校坚持问题导向，从理念转变和格局构建上切实推动在新时代党建带团建工作中创新支部主题团日活动，进而找准高校共青团开展"三全育人"工作聚焦点、切入点、结合点，不断创新基层团组织的活动方式，持续激发学生的自觉性、积极性、主动性，切实增强团组织的吸引力、凝聚力和战斗力。

（一）坚持党的领导，成立党建带团建组织机构

党建带团建，根本在"建"，关键在"带"。"建"就是高校在党的领导下，成立党建带团建组织机构，把团建工作纳入党建工作的总体布局，做到党团建设同步研究、同步部署、同步落实、同步考核、同步验收，建立健全一套行之有效的工作机制，形成党建带团建，团建促党建的工作格局。"带"就是高校党组织做好"五带"，带思想即指导团组织做好团员青年思想政治引领工作；带组织即不断巩固和建立健全团的基层组织；带队伍即提升团干部的综合素质和业务能力；带作风即加强作风建设，提高团组织的战斗力；带工作即提高团组织的服务力，引导团员青年发挥作用。同时，不断加强高校共青团自身建设，努力发挥团组织主动性和积极性，通过支部主题团日活动把组织有效覆盖到每一名团员，不断增强组织的内在活力。

（二）加强政治建设，突出思想政治引领功能

政治建设是依托党建带团建加强和改进支部主题团日活动的政治保

证。《中国共产党章程》中明确党要坚决支持共青团根据广大青年的特点和需要，生动活泼地、富于创造性地进行工作，充分发挥团的突击队作用和联系广大青年的桥梁作用。95后00后大学生一般不满足于说教，传统的灌输教育效果事倍功半，依托支部主题团日活动开展聚焦主题、鲜活生动的案例教育，入脑入心，增强思想政治工作时代感和实效性。

（三）强化组织建设，彰显基层组织规范功能

组织建设是依托党建带团建加强和改进支部主题团日活动的机制保障。建立多层次党建带团建工作联系机制，保证从组织到个体的全面覆盖与指导联络，并努力在实践中做到党团建设、党团工作、党团活动的整体部署与谋划，做好"党领导团、团紧跟党；党重视团、团依靠党"，进一步完善高校"三全育人"工作体系。

（四）狠抓队伍建设，培养担当民族复兴大任的时代新人

队伍建设是依托党建带团建加强和改进支部主题团日活动的工作目标。完善支部主题团日活动的体系内容，制订支部主题团日活动的工作流程、量化支部主题团日活动的考核标准，注重宣传教育、示范引领、实践养成相统一，试点推行党建带团建工作中支部主题团日活动清单式管理、项目化推进，服务大学生成长成才，培养中国特色社会主义建设事业的合格建设者和可靠接班人。

参考文献

［1］杨丽君，贾喆.高校共青团主题团日活动创新的思考——以齐鲁医药学院护理学院主题团日活动开展为例［J］.教育教学论坛，2018（35）.

［2］汪治国.浅谈高校主题团日活动的创新和发展［J］.教育教学论坛，2011（26）.

［3］严杰.高校主题团日活动创新措施研究［J］.人力资源管理，

2018（01）．

［4］王杰．新建本科院校主题团日活动创新研究——以运城学院为例
　　　［J］．运城学院学报，2017，35（02）．

［5］高东洋．以团日活动为载体 推进基层团建工作［J］．山东省青年管
　　　理干部学院学报，2005（02）．

新时代高校共青团第二课堂思想政治引领路径探究

李司铎　马佩瑶　阙文秀　常恒菘　邓慧珊

（中南财经政法大学团委）

摘　要：第二课堂贯穿德智体美劳"五育"全过程，是高校共青团开展思想政治教育、引领青年思想的重要平台，也是高校德育工作的重要阵地。坚持"三全育人"导向，构建适应新时代需要的第二课堂思想政治教育体系，回应新青年需求的思想政治引领路径是当下高校共青团工作的政治责任和根本任务，也是围绕中心、服务大局工作主线的现实要求。深入开展"青年大学习"活动，充分发挥高校共青团的组织优势领学，利用网络新媒体平台促学，打造团属新媒体形象导学，用习近平新时代中国特色社会主义思想武装全团、引领青年，是高校共青团第二课堂思想政治引领的有效路径。

关键词：高校；第二课堂；思想引领；实践创新

育人之本，在于立德铸魂。2016 年 12 月，全国高校思想政治工作会议在京召开。习近平总书记在会上强调，我国高等教育肩负着培养德智体美劳全面发展的社会主义事业建设者和接班人的重大任务，必须坚持正确的政治方向，全面贯彻党的教育方针，坚持把立德树人作为中心环节，把思想政治工作贯穿教育教学全过程，为人民服务，为中国共产党治国理政服务，为巩固和发展中国特色社会主义制度服务，为改革开放和社会主义现代化建设服务。全国高校思想政治工作会议是新形势下高校开展思想政治工作的思想纲领和行动指南。

第二课堂是第一课堂的拓展延伸，具有理论教育与实践教育相结合的独特优势，是高校加强人才培养、夯实思想政治引领的重要载体。为切实发挥好共青团服务高校立德树人根本任务和人才培养中心工作的重要作用，2018年5月，共青团中央和教育部联合出台《关于在高校实施共青团"第二课堂成绩单"制度的意见》，要求各高校团组织在第二课堂积极开展思想政治引领、素质拓展提升、社会实践锻炼、志愿服务公益等第二课堂活动，系统推动第二课堂教育教学改革和实践创新。

一、第二课堂思想政治引领的内涵要义

2016年召开的全国高校思想政治工作会议深刻全面阐述了新形势下高校培养什么样的人、如何培养人以及为谁培养人这个根本问题，掀开了高校思想政治工作新的历史篇章。2017年中共教育部党组印发《高校思想政治工作质量提升工程实施纲要》，提出要切实构建实践育人质量提升体系，坚持理论教育与实践养成相结合，丰富实践内容，创新实践形式，拓展实践平台，完善支持机制。

（一）新时代的迫切需要

大学是青年价值观形成和强化的关键时期。中高考造成的升学压力、互联网信息的强烈冲击和青年学生分辨能力不足等多重因素的影响，形成了当前高校大学生存在价值观偏差和思想政治教育基础薄弱的困境。不愿意看到中国崛起的西方敌对势力利用互联网大肆散布传播精致利己的个人主义、享乐主义以及快餐文化和历史虚无主义等不良信息，意识形态领域的斗争日益激烈。中国特色社会主义进入新时代，高校需要因事而化、因时而进、因势而新，切实做好大学生的思想政治教育工作，为青年学生一

生的成长奠定扎实科学的思想基础，必须教育引导青年在政治立场、政治方向、政治原则、政治道路上与以习近平同志为核心的党中央保持高度一致，正确认识世界和中国发展大势、正确认识中国特色和国际比较、正确认识时代责任和历史使命、正确认识远大抱负和脚踏实地，坚定"四个自信"，做到"两个维护"，积极践行社会主义核心价值观，全面客观认识当代中国、看待外部世界，树立为共产主义远大理想和中国特色社会主义共同理想而奋斗的信念信心，自觉把个人理想追求融入国家和民族事业，把远大抱负落实到实际行动。

（二）第二课堂的重要作用

与传统课堂教学活动模式不同，第二课堂具有内容广泛、形式丰富以及组织灵活等特点，成为高校教育活动不可或缺的重要组成部分。尽管第二课堂和第一课堂有着同样的培养目标，但在活动内容、形式、时间、地点等方面是对第一课堂所进行的有效补充和拓展延伸。通过构建融思想性、知识性、参与性和趣味性为一体的第二课堂体系，把第一课堂的知识内容与第二课堂的实践活动结合起来，在实践中激发学生兴趣、陶冶学生情操、铸造学生灵魂，为大学生的思想政治素养和全面综合素质的提升提供平台，是高校开展思想政治教育工作、引领青年思想的重要阵地。

当前，高校对学生进行思想引领主要有三种方式：其一是通过道德修养与法律基础、中国现代史纲要、马克思主义中国化等思政课程的第一课堂教学来实现；其二是班主任老师、辅导员通过"个别谈话"，推优入团、入党等形式来展开；其三就是通过丰富多彩的第二课堂活动的开展来实施。第一种是专业老师进行专业知识的传授，知识系统且全面，但内容相对固定且形式较为单一。第二种方式能做到具体问题具体分析，针对性强，但受限于教师时间、精力及形式等原因，缺乏普及性。这两种方式均以教师单方面的信息输出为主，难以将之内化于心，外化于行。第二课堂基于学生兴趣需求且强调实践，通过学生的参与体验和互动反馈来完成，是一种信息知识的交互交替状态。学生可通过第二课堂中的实践来进一步检验第一课堂的学习效果，在实践中深化对理论的感知和认同，"理论—实践—理论"的学习模型可提升思想政治教育的接受度和实践性。通过第二课堂可带领学生离开书本课堂走向广阔的社会，学生可以真切感受中华民族几千年生生不息的优秀文化，感受建党百年来党所带领广大人民群众所缔造的伟大奇迹，感受中华人民共和国成立 70 多年来中国特色社会主义发展所取得的辉煌成就，也可以在中外对比中感受改革开放 40 多年来中国人民强大的生产力和创造力，这种沉浸式的教育模式更有助于激励青年学生把爱国情怀、强国志向自觉融入建设社会主义现代化强国的努力奋斗中，把个人梦融入实现中华民族伟大复兴的中国梦。

二、存在的不足与原因分析

（一）学校层面

高校普遍将第二课堂视为第一课堂的补充，忽视了第二课堂在培养学生思想素质、人文素养，促进学生全面发展中的价值和作用，以及第二课堂须与第一课堂有机协调的关系，导致第二课堂在高校教育中一直处于附属地位，得不到足够的重视和有效的支持保障。很多高校十分重视第一课堂的硬件设施和教学环境建设，而在第二课堂的人员配置、经费投入及设施配备等方面的投入明显不足。

教育教学的有效性与教学形式的多样性和教学活动的趣味性紧密相关。第一课堂容易因为课堂内容枯燥、授课方式单一等问题引起学生的厌倦，而目前这一问题已逐渐蔓延到第二课堂。由于理念认识、制度设计和内容形式创新等方面的问题，第二课堂在一定程度上存在同质化问题和"内卷"现象。当前，思想政治教育类的第二课堂活动多以讲座、文件精神学习、"三会一课"等形式开展，侧重党的政策、理论的解读，缺乏科学系统规划和理念形式创新。与此同时，演讲、征文、朗诵、辩论赛等传统比赛活动形式是第二课堂竞赛型活动的主导形式，初期的确激发了学生的参与热情，广受学生欢迎，但随着大学生日新月异的思想变化，这些活动的吸引力也在下降。很多竞赛往往有相应的门槛要求，或者有参与人数的限制，往往只有部分优秀的学生才能参加，导致第二课堂"二八"现象突出。部分学生片面地将参加第二课堂作为一种加分途径，视为是对个人大学简历的补充，成了竞赛"专业户"。有些同学担心参加第二课堂活动影响正常学习，参与热情不高。以上因素都在一定程度上影响了第二课堂教育教学活动的效果。

（二）社会层面

第二课堂的实践属性要求高校加强与社会各界的联系，充分调动社会资源联动参与第二课堂的教育实践活动，为学生提前了解社会、适应社会创造条件。虽然高校的学生工作部、研究生工作部和共青团组织等通过设立校外社会实践基地、产教融合基地，签订合作协议等方式，与社会有关单位和企业建立了合作关系和交互式育人渠道，学校也越来越重视形式创新，带领学生走出校园、关注社会。但也有一些特色的第二课堂活动可能由于社会系统支持不足，受限于安全性、可行性等方面的原因只在校园环境中开展，难以获得理想的育人效果。此外，在管理方面，程序性、规范性、持续性不足等原因也影响了校企合作、校地合作的效果，实践基地的重复性建设，只挂牌没项目、有立项无结项等情况时有发生。

三、路径探究

今年是中国共产党成立 100 周年。自成立之日起，我们党就始终把青年工作作为一项极为重要的工作。共青团是党的助手和后备军，是党的青年工作的重要力量。党的十九大报告把十八大以来党的理论创新成果——习近平新时代中国特色社会主义思想写入党章。2018 年 3 月，共青团中央印发了《关于在全团实施"青年大学习"行动的方案》（中青发〔2018〕2号），要求在全团深入开展"青年大学习"活动，突出理论武装和思想引导，通过构建"导学、讲学、研学、比学、践学、督学"六位一体的学习体系，推动党的创新理论深入人心。当下，发挥共青团的组织优势在高校开展领学行动，用习近平新时代中国特色社会主义思想武装全团、引领青年，深入开展"青年大学习"活动，是高校共青团加强青年思想政治引领工作的行动指南。

一是用理论学习武装头脑。紧密围绕党的十九大、习近平总书记系列重要讲话精神、治国理政新理念新思想新战略及团的十八大精神，通过专家讲座、专题报告、交流研讨、主题分享等方式加强理论学习；组建由专职团干、专家学者和先进青年代表组成的青年宣讲团，开展团课集体备课，通过线上线下实现全覆盖，抓好主题团课；做强"新时代青年讲习所（学习社、研习社）"，将其作为学习习近平新时代中国特色社会主义思想的青年工作阵地。

二是用主题实践强化青年感悟。抓好主题团日，组织团员青年到红色爱国主义基地参观学习，接受爱国主义教育、革命传统教育和理想信念教育；开展社会实践及志愿服务，围绕"青春建功新时代，不忘初心跟党走"主题组织开展"三下乡"暑期社会实践和志愿服务活动，广泛动员和引领团员青年把报国之志转化为实际行动；创建团员先锋岗（队），开展"团学骨干当先锋，文明创建我先行"文明校园活动，把团员的理想信念立起来、榜样树起来，把团员学习生活中的先锋模范作用释放出来，从严管团治团建团；开展素质教育提升工程，在思想品德、文化艺术、体育运动、创新创业等团学活动中创新形式、丰富载体、寓教于乐，搭建以德育人、以文化人、以体健人、以美怡人、以劳炼人的全方位、多层次育人体系，培养德才兼备的新时代高素质青年。

三是专题活动检验学习成果。开展"新时代青年说"——"百生讲坛"系列活动，选拔优秀主讲人在各团支部开展示范巡讲，用好青年讲好中国好故事；开展"青年大学习"知识竞答活动，每周组织一次"青年大学习"网络主题团课知识竞答，检验理论学习成果；开展"五四"评先创优系列活动，引领广大青年见贤思齐、崇德向善，发掘培育一批模范践行社会主义核心价值观、积极传播青春正能量的中南好青年，身边好榜样。

与此同时，在互联网信息时代，针对当代青年"上网移动化、阅读碎片化"等特点和日新月异的信息传播形态，共青团还要充分借助微信、微博、QQ、B站等网络新媒体平台，利用团属新媒体平台覆盖面广、内容更新快、形式多样等优势，开设网络专题学习阵地促学。创新一批面向青年学生、有思想内涵和艺术感染力的"青年大学习"系列文化产品，积极打造青年学生喜爱的新媒体形象和网络文化产品导学，切实把深入创新开展"青年大学习"活动作为面向青年学生开展思想政治引领的重要平台，作为学习习近平新时代中国特色社会主义思想的工作路线，推动学习常态化，实现学习有成效、学习有创新。

参考文献

［1］习近平在全国高校思想政治工作会议上强调：把思想政治工作贯穿教育教学全过程 开创我国高等教育事业发展新局面［EB/OL］.［2016-12-09］. http://dangjian.people.com.cn/n1/2016/1209/c117092-28936962.html.

［2］朱晓晨. 新时代高校第二课堂发挥思想引领作用探析［J］. 电脑知识与技术，2020，16（35）.

［3］蒋水龙. 思想政治引领在外语专业学生第二课堂活动中的体现探索——以海口经济学院外国语学院为例［J］. 才智，2020（07）.

［4］崔怡，赵子彤. 社会主义核心价值观融入高校校园文化建设的逻辑进路［J］. 文化学刊，2020（06）.

［5］刘彩琴，任源，祁凤华. 新时代高职院校第二课堂德育化探讨［J］. 教育与职业，2019（18）.

［6］万立超，孔柠檬. 新时代高校第二课堂发挥思想引领作用探析［J］. 科教导刊（下旬），2019（09）.

［7］张媛媛，孙脉. 以中华优秀传统文化为引领的大学生第二课堂思想政治工作实践探索［J］. 当代教育实践与教学研究，2019（04）.

［8］李兴华，满泽阳，施佳欢. 高校第二课堂思想引领模式对"双一流"建设中"立德树人"的意义研究［J］. 吉首大学学报（社会科学版），

2018, 39 (S1).

［9］王盛琳. 高等体育院校大学生党建工作与"第二课堂"建设的引领路径探析［J］. 现代经济信息，2018（21）.

［10］丁祥艳. 加强思想引领，着力实践育人——玉林师范学院"听读写说行"五位一体第二课堂育人体系的探索与实践［J］. 玉林师范学院学报，2019，40（03）.

高校共青团"第二课堂成绩单"制度优化路径探析

——以中南财经政法大学"第二课堂成绩单"制度为例

夏东伟[①]

（中南财经政法大学团委）

摘　要： 本文主要从高校共青团"第二课堂成绩单"制度的内涵及重要意义出发，结合我校"第二课堂成绩单"制度建设情况，坚持问题导向，尝试从完善人才培养方案、推进项目供给侧改革、优化记录评价激励体系、优化运行保障机制等方面，探讨优化"第二课堂成绩单"制度的路径，以期在理论与实践方面为完善学校"五育并举"人才培养机制做出有益探索。

关键词： 高校共青团；"第二课堂成绩单"制度；优化路径

一、"第二课堂成绩单"制度释义

（一）第二课堂

第二课堂是相对以传授专业理论知识为主的第一课堂教学环节而言，

---

① 夏东伟，中南财经政法大学团委副书记。

指学生在校园内外组织实施或参与的各类课外素质教育实践活动的统称。习近平总书记在全国高校思想政治工作会议上的讲话中指出，"社会实践、社会活动以及校内各类学生社团活动是学生的第二课堂，对拓展学生眼界和能力、充实学生社会体验和丰富学生生活十分有益"。

（二）第二课堂成绩单

学生参加第二课堂课程项目，完成规定课时的学习或实践体验，或取得相关奖项、荣誉、证书等，即可获得相应的课外素质学分，形成一张学生在校期间德智体美劳全面发展情况的综合素质清单。第二课堂成绩单是对学生综合能力的数字画像，具有社会公信度和素质能力证明功能，也可为企业招聘人才提供个性化菜单。

（三）"第二课堂成绩单"制度

"第二课堂成绩单"制度是共青团发挥服务学校立德树人根本任务和人才培养中心工作的重要载体。围绕学生德智体美劳全面发展需要，通过"充分借鉴第一课堂教学育人机制和工作体系"，按照"科学化、系统化、制度化、规范化"的要求，"整体设计共青团工作内容、项目供给、评价机制和运行模式"，从而实现学生参与第二课堂实践活动"可记录、可评价、可测量、可呈现"的一整套工作体系和工作制度。

二、推行"第二课堂成绩单"制度的重要意义

实施"第二课堂成绩单"制度是落实习近平总书记提出的"要重视和加强第二课堂建设"的重要指示，是适应高等教育综合改革，全面落实立德树人根本任务，全面实施素质教育的必然要求；是深化共青团改革，强化育人职能，加强共青团组织建设的关键路径；是完善学生全面发展服务体系，促进学生综合素质提升，促进学生就业创业的迫切需要。

不断优化推进"第二课堂成绩单"制度是深化学校共青团改革的重大牵引性举措。有助于通过改进团学活动组织动员模式，化解第二课堂参与

主体的"二八"现象难题，提升学校共青团的组织力；有助于通过完善政治教育机制、实践教育机制、组织建设机制、保障支持机制，切实给学院团委、团支部赋能，提升共青团的引领力；有助于通过优化团学组织运行方式，激发学生主体作用，引导各级团学组织主动创新，努力打造德智体美劳领域特色品牌项目，提升学校共青团的服务力；有助于学校共青团发挥第二课堂独特育人功能，提升大局贡献度。

三、学校"第二课堂成绩单"制度建设情况

（一）我校"第二课堂成绩单"制度建设成果

近年来，学校不断推动"第二课堂成绩单"制度改革创新，探索第一课堂和第二课堂的有效衔接机制，发挥协同育人功能，不断提升学校人才培养质量。从 2005 年学校制订《中南财经政法大学本科学生课外素质学分实施办法》，到 2018 年 11 月印发《中南财经政法大学"第二课堂成绩单"制度（课外素质学分）管理办法（试行）》；从以往的手写课外素质学分卡（"小白本"），到现在逐步依托网上学生事务大厅实现学生通过PC 端和手机端自主申报课外素质学分的"第二课堂成绩单管理系统"（1.0版本），学校第二课堂成绩单制度建设从软件、硬件以及师生重视程度等方面，都经历了重大升级。目前初步建成了涵盖课程项目、记录评价、数据信息等功能的"第二课堂成绩单"制度体系。

学校现行"第二课堂成绩单"制度，在引导学生坚持学业为主的同时，积极参加思想品行、人文素养、"双创"就业、社会实践、志愿公益、心理健康、文体活动、工作履历和技能特长等课外素质教育实践活动，推动"第二课堂成绩单"成为学校人才培养评估、学生综合素质评价、社会单位选用人才的重要依据；在探索财经政法深度融通创新人才培养方面做出了有益实践探索，形成了较为丰富的实践经验。

（二）学校"第二课堂成绩单"制度体系存在的问题与不足

学校"第二课堂成绩单"制度在培养方案和培养计划制订、项目供给主体作用发挥、管理系统平台建设、运行保障机制等方面还有较大的改进空间。

1. 第二课堂人才培养方案和教学规划有待进一步完善。学校虽然已于2018年年底出台了"第二课堂成绩单"制度，但是由于培养方案和课程规划还不够完备、精确，"第二课堂成绩单"制度在服务学生全面发展的牵引力和导航作用发挥不明显。

2. 课程项目的规范化、课程化、制度化建设还有待进一步提升。各级团学组织、学生社团在校园文化产品供给中的主体作用发挥不充分，主动开发设计第二课堂课程项目的意识欠缺，课程项目数量和质量与学生全面发展的需要还有较大差距。

3. 第二课堂成绩单管理系统开发有待进一步完善。项目体系、记录评价、考核激励等相关功能离"客观、价值、便利"的要求还有一定距离；"第二课堂成绩单"制度宣传推广不够深入，学校职能部门、各类团学组织等通过第二课堂管理系统发起活动的习惯尚未形成。

4. "第二课堂成绩单"制度运行保障机制有待进一步健全。在课程项目开发，各单位暂未形成合力，相关单位信息平台暂未实现学生数据的共通共享，"数据孤岛"的问题仍然存在，导致数据抓取困难、数据重复统计等现实问题，管理系统使用体验感欠佳；学校在人、财、物等方面的配套投入有待进一步加强。

四、优化"第二课堂成绩单"制度，赋能大学生全面发展

结合对上级政策的学习理解，以及工作中的思考和探索，现从以下四个方面讨论进一步优化学校"第二课堂成绩单"制度的路径。

（一）进一步完善学校"第二课堂"人才培养方案

从培养德智体美劳全面发展时代新人的任务出发，进一步优化学校第二课堂人才培养方案，统筹推进第一课堂与第二课堂，互动互融、互补互促。

1. 科学设计第二课堂项目体系。围绕"思想道德品行类、学习学术科研类、体育锻炼与竞技类、人文艺术素质类、劳动教育与实践类、工作岗位锻炼类、志愿公益服务类、就业素养与就业技能类、创业教育实践类"等内容，科学设计课程项目体系。

2. 推动活动项目的课程化设计。系统规划开课时间，优化课程形式，规范考核标准，编制第二课堂"全程培养方案"，增强团学活动的计划性和规范性，切实解决"想干什么，就干什么""想什么时候干，就什么时候干"的问题，为学生提供一张"看得见、摸得着"第二课堂修业清单和能力提升导航图。

3. 建立健全评价体系。探索建立过程评价、结果评价和综合评价相结合的评价方式，科学评价学生在校期间的表现。进一步强化评价标准的导向作用，将评价结果作为学生综合素质测评、评奖评优、团员评议、推优入党、求职就业的基本资格或重要参考，有效激发学生主动参与课外素质锻炼的积极性。

（二）进一步推进第二课堂课程项目供给侧改革

1. 供给主体多元化。贯彻落实"三全育人"理念，做到"引进来"与"走出去"相结合，加大与校外社会资源对接力度。首先是充分调动全校各类育人力量，共青团主动对接宣传部、学生工作部门、教务部、体育部、后勤保障部、图书馆、档案馆、校医院等校内单位，赋予全校各级共青团组织、团学组织、学生社团以及学校各职能部门第二课堂项目开发设计的权限，调动其积极性、创造性，努力培育优质品牌活动；尊重学生主体地位，鼓励学生主动参与到第二课堂课程项目的设计、组织、评价等环节，让学生当主角，增强学生的获得感、成就感。

2.供给类型多样化。结合不同年级、不同专业学生的发展需求，增加参与型、竞赛型、技能型等不同类型"第二课堂"课程项目供给数量，首先确保第二课堂项目供给充足，力争做到全校学生全覆盖；其次是围绕德智体美劳全面发展的目标，建设必修与选修、线上与线下、理论与实践、考察与考核等相结合的课程项目，确保课程项目供应结构合理，切实为学生能力素质的均衡发展、关键能力和核心竞争力的提升，提供更加有针对性的实践锻炼平台。

3.供给内容优质化。继续推进"一校多品""一院一品""一人一技""一人一艺"工程，不断选树培育第二课堂品牌项目，形成优质项目库，如"青年大学习""青马班""星火训练营""百生讲坛""国旗故事会""博文杯""明理杯""厚德杯""济世杯"，希贤杯系列竞赛、"阅跑中南"、体育文化节、大学生艺术节、心理健康活动节、美丽校园创建行动等，满足学生德智体美劳全面发展需求。

（三）优化"第二课堂成绩单"记录、认定等功能设计

1.完善网络管理系统。优化第二课堂活动信息发布、活动报名、活动签到、活动效果评价等过程管理工作流程，提升用户的体验感；规范、便捷、高效地对学生参与第二课堂活动进行客观记录、科学评价、情况反馈和成绩认证；客观全面记录学生在校期间的德智体美劳全面发展情况，对学生进行全方位综合素质画像。

2.优化学分认定标准。综合考虑第二课堂课程项目的供给数量、时长、须投入的精力、项目等级等因素，合理设计各类课程项目的学时、积分、学分等；按照提低稳中拔高指导思想，设置及格、良好、优秀三个档次的学分修业目标，鼓励学生结合自身实际，有针对性地参与第二课堂课程项目，努力实现德智体美劳全面发展。

（四）优化学校第二课堂运行保障机制

1.优化顶层设计。把"第二课堂成绩单"制度建设纳入"三全育人"

工作体系中,健全校、院(部、中心)两级第二课堂管理机构,明确工作职责,层层落实责任,确保第二课堂各项工作任务落实落细。

2.加强配套制度建设。"第二课堂成绩单"制度涉及的参与主体和运行保障主体众多,包括各级团组织、学生组织、学生、教师以及教务、人事、信息、后勤等相关单位,通过制度明确相关单位和人员"责权利"一致,形成"一揽子"的教学管理制度和保障制度安排,充分发挥学校人力资源优势,确保第二课堂项目的正常开展和培养计划的顺利实施。

3.加大资源投入力度。"第二课堂成绩单"制度要充分借鉴第一课堂运行机理,需要在指导教师、专项经费、软硬件设备、场馆场地等方面加大投入力度,统筹校内外各类资源整合,切实缓解制约学校第二课堂发展的瓶颈,把学校"第二课堂成绩单"制度建设好、运行好。

参考文献

[1]《共青团中央 教育部 关于印发〈关于加强和改进新形势下高校共青团思想政治工作的意见〉的通知》（中青联发〔2017〕10号）2017.6.

[2]《关于在高校实施共青团"第二课堂成绩单"制度的意见》（中青联发〔2018〕5号）.

[3]王茜,马德刚,李义丹.高校课外实践教育改革模式探析——以天津大学课外实践教育课程化、学分制为例[J].黑龙江高教研究,2016（6）.

[4]付书朋,李雪瑶.高校共青团第二课堂成绩单综合素质考核体系研究[J].中国经贸导刊.2018（04）.

[5]朱忠祥,曹蕾.供给侧改革:高校第二课堂高质量发展的关键一招[J].湖北开放职业学院学报,2021,34（2）.

[6]范良辰.高校"第二课堂"实践教育的协同育人机制探究——以"第二课堂成绩单"制度为载体[J].新课程研究.2021（03）.

浅谈高校学生社团管理的改革与创新
——以中南财经政法大学为例

张艳芸

（中南财经政法大学团委）

摘　要： 高校学生社团是落实立德树人根本任务、推进素质教育的重要载体，是学生根据成长成才需要，结合自身兴趣特长，在校党委的领导和校团委的指导下开展活动，并在学校正式登记注册的群众性学生团体。本文以中南财经政法大学81个学生社团为例，探索学生社团管理的改革与创新。

关键词： 学生社团；管理；改革；创新

高校学生社团是第二课堂的重要阵地，在高校人才培养、繁荣校园文化、学生成长成才服务中有着不可替代的作用，也是实现朋辈教育引领、学生综合能力锻炼提升的重要支撑，但因其自身特点和长期规律，近年来，学生社团管理以及自身发展呈现出一系列问题。

一、高校学生社团目前存在的问题及原因

（一）育人作用发挥有限

一是自主性较强。学生社团多以兴趣爱好为由自发成立组建，相较

于其他团学组织，存在管理松散、组织性不强、自主意识较强等特点。二是定位不明确。学生社团是第一课堂的有效延伸，是第二课堂组织育人的重要载体，但部分社团自主开展高质量活动的能力不足，多体现为活动"热闹"但缺乏思想深度和内涵，育人实效和成果不显著。三是联系实际不够。立足自身发展缺乏长期、明确的发展目标，在响应时代发展和结合学生成长需要发面，联系实际做得还不够，学生社团发展停滞不前。四是特色不鲜明。学术性、学习型社团比重较轻，大部分社团的设计创新不够且存在从众倾向，在引导同学们回归学业、提升社团文化等方面的作用发挥有限。

（二）管理体制运行不畅

一是考核制度须进行科学设计。目前，学生社团工作未明确纳入学校、学院学生思想政治工作和群团工作进行考核，存在部分挂靠单位对学生社团管理的重视程度不够、业务指导能力有限、保障激励不足等现状。二是社团挂靠分布不均衡。部分学院挂靠的社团因与其专业背景不相符、社团负责人和会员非本院学生等因素，增加了学院对挂靠社团的指导管理难度。三是活动审批报备程序须进一步优化。目前，大到全校赛事活动，小到社团内部活审批报备程序相对复杂，在严格管控的同时影响了社团活动的自主性、时效性。

（三）自身建设规范化不够

一是学生社团团支部思想引领作用发挥不够。自2010年起，中南财经政法大学所有学生社团均成立团支部，通过学校团委"分层次一体化"培训班对社团骨干进行培训，但仍存在社团团支部对成员思想引领手段方式创新不够、主动性不强以及对社团定位、性质和基本情况不熟悉，在发挥团支部思想引领和组织优势方面缺乏对社团成员的积极有效联系。二是社团组织架构缺乏科学规范。各个学生社团在骨干、部门数量设置上缺乏统一规范，部分社团存在组织架构设置随意、会长和副会长职数过多、部门冗杂赘余等现象，存在社团"行政化"倾向。三是社团活动创新能力不足。部分社团活动的设计习惯思想传统，缺乏创新，重数量轻质量，不能广泛吸引同学们参与，存在会员纳新困难、流失严重等情况。

（四）工作保障激励不足

从社团管理工作的人、财、物、时、空方面，仍存在有效保障激励不足的问题，主要体现在：一是大部分社团缺乏专业指导。学生社团主要依靠校内教师、教职工担任指导教师，学校对指导教师的责任与义务尚未做明确规定，缺乏相应的激励机制，不能从根本上提高指导教师参与社团管理的积极性，部分社团长期没有指导教师或指导教师受精力能力限制不能有效发挥作用。二是缺乏固定经费和场地。目前，社团主要活动经费来源于收取会费、校团委给予的优秀社团立项资助等，远远不能满足社团活动需要；同时，相对固定的空间场地和设施设备的不足，也在一定程度上制约社团活动的高质量开展。三是缺乏对社团核心骨干的激励措施。近年来，学生在担任学生干部、社团骨干方面有了更高的标准和更严格的要求，担任社团骨干的同学在评奖评优、成长发展等方面的激励措施越来越有限，有效调动学生参与社团工作的积极性受到一定程度的影响。

（五）安全风险管控意识须加强

据此次调研摸排情况统计，除正式注册成立的学生社团外，学校仍存在一定数量的学生自组织、非正式社团，这部分组织对于学校管理来说存在管理归口不清晰等问题及风险。一是涉及校外机构支持的校内分支机构，在未和学校达成校企合作协议的前提下，以服务其商业运行为目的，以学校学生社团名义招收学生兼职团队，通过校内外平台、场地自主开展活动未履行任何报备程序，学生安全和权益难以得到保障；二是以兴趣爱好为联系的学生自组织，因安全和内部规范等问题未能批准作为正式社团注册成立，但仍以学生社团名义自行组织招新、进行宣传和开展活动，在校内有一定的学生基础，且初具规模；三是大多数学院和教学单位都自发成立了以理论学习为主的青年学习小组，开展了一系列内涵丰富的理论学习活动，对宣传新时代新思想发挥了积极作用，目前接收学院团委的工作指导，尚未在学校进行正式报备；四是以专业研究为主的学生科研团队，基于专业研究而自发成立的学生科研团队，由专业教师根据科研需要具体指导，团队成员由硕士、博士和科研能力较强的本科生组成，有较为完善的科研活动规范，且具有一定科研成果，但尚未在学校相关部门报备。

二、加强学生社团管理的改革与创新

（一）加强顶层设计，把握学生社团发展方向

1.加强学生社团党的领导。把学生社团工作纳入学校思想政治工作和群团工作整体格局进行谋划部署，定期听取学生社团工作汇报，及时研究解决有关问题，为社团的健康发展提供顶层设计和统筹指导。

2.理顺学生社团管理工作机制。构建党委统一领导，相关职能部门共同参与的学生社团工作机制。学校团委具体负责学校学生社团日常事务的具体指导，学生社团业务指导单位负责对学生社团的具体管理，负责指导教师工作情况评价认定、社团成员的教育管理、社团活动的监督指导等。

（二）规范管理服务，保障学生社团健康发展

1.完善制度建设。根据新形势、新要求，结合此次调研查摆检视的问题，进一步完善学生社团注册登记、管理监督、活动开展、年审考核等方面的工作，为学生社团管理提供制度保障。同时，制订一系列规范管理的工作操作手册，建立科学客观的评价机制，建立以服务和贡献为导向的荣誉激励机制，通过"第二课堂成绩单"客观记录社团成效，激励学生参与社团建设。同时，根据社团年审等相关考核，通过"末位淘汰制"倒逼学生社团改革创新，激发社团内生动力。

2.优化管理服务水平。针对所有校内正式注册社团，调整原运行模式

中社团活动事事审、时时报的审批报备流程，明确要求凡社团活动须经学生社团集体决策、指导教师同意且挂靠单位批准后开展。

3. 建立学生社团指导教师选聘机制。按照个人申请、组织推荐、双向选择的原则建立指导教师库，并在教师库内选聘指导教师，选聘一批具备较强的思想政治素质、组织管理能力和与社团发展相关的专业知识，热心公益事务，具有奉献精神，关爱学生成长的社团指导教师。

4. 提供充分保障支持。一是推进学校在经费、场地、设备、条件、制度等方面给予充分保障；二是加强对学生社团指导教师评价考核与激励，将指导教师纳入高校思想政治工作队伍培训计划，加大培训力度。

（三）强化自身建设，提升学生社团发展能力

1. 加强学生社团自身建设。一是建立台账。对非正式注册登记的学生自组织情况做到心中有数，学校团委、科研部门等应对以理论学习和专业研究为主的学生团队进行统计和备案。二是从严要求。对校外机构在校内的分支组织严格清理，企业、社会机构或个人原则上不得在学校建立特定冠名的学生俱乐部、协会等社团，对于与企业、社会机构或个人联系紧密的创新创业类社团，确有冠名需要的，须报学校党委批准。三是严肃处理。对涉及侵权问题的、未按规定注册或开展非法活动的学生社团要坚决予以取缔，对校外人员未经学校许可滥用、冒用学校名称（包括学校已申请注册具有法律效力的简称、别称）建立学生社团（含其运营的新媒体平台）在校内外开展非法活动的，除对其校内非法活动及活动场所坚决予以取缔外，还应运用法律手段依法追究该非法社团及相关负责人的法律责任，切实维护学校权益。

2. 规范社团内部管理。一是规范社团登记注册。成立学生社团评估委员会，组织学生社团业务相关领域专家对全校学生社团建设发展进行研究规划。二是规范社团年审考核。定期对学校性质相同、活动内容相似的学生社团进行整合，对于招新运行困难、活力严重不足的社团进行淘汰清理，对于活动开展不规范、年审不合格的社团提出整改意见，限期整改。

3.优化社团组织建设。一是健全学生社团骨干培养机制。对学生社团骨干候选人在思想品德、学习成绩和组织能力等方面提出明确要求，规范骨干遴选程序。二是加强学生社团作风建设。针对调研反映的社团职能定位不清晰、组织架构烦冗、社团"行政化""官僚化"倾向等问题，做统一规范要求，提升社团运转效率；同时，从严、从实管理教育学生社团骨干，通过多种途径加强对社团骨干的教育。

团学工作视角下大学生政治认同路径研究①

周　琼　李雅琴②

（中南财经政法大学经济学院）

摘　要：大学生政治认同是关系到党和国家发展全局战略的根本性问题，当代大学生作为新时代社会主义建设者和接班人，其对政治认同的认识直接关系到新时代中国特色社会主义发展的进程和走向。本文基于95后大学生的3 400份样本数据，通过构建因子分析模型，将三个维度（国家认同、执政党认同、意识形态认同）下分的五个因子（国家归属感、国家责任感、执政效能认同、执政价值认同、中国特色社会主义认同）进行因子分析与旋转，选取生源地、父母政治面貌、本人政治面貌等作为控制变量，被调查者所在学校的团学工作建设情况作为被解释变量进行回归分析。得出结论：政治面貌、大学所学专业类型与家庭情况对政治认同的影响不显著；团学工作的建设情况对政治认同影响显著。最后提出建议：为了提高政治认同因素，高校应该完善团学工作基础建设，构建共青团思政引领长效机

①本文系湖北省教育厅哲学社会科学研究项目"新时代背景下大学生政治认同培育路径研究"（项目编号：20G020）阶段性成果。
②周琼，女，中南财经政法大学经济学院，辅导员；李雅琴，女，中南财经政法大学经济学院，2018级本科生。

制；开展更加丰富的团学活动，强化大学生的思想政治引领工作；持续推进从严治团，规范团学干部作风。

关键词：团学工作；大学生；政治认同；因子分析；多元回归

一、引言

习近平总书记在十九大报告中强调，"青年兴则国家兴，青年强则国家强"，大学生政治认同是关系到党和国家发展全局战略的根本性问题[1]。当代大学生作为新时代社会主义建设者和接班人，其对政治认同的认识直接关系到新时代中国特色社会主义发展的进程和走向。

政治认同是人们在社会政治生活中所产生的一种感情和意识归属。对当下大学生而言，政治认同主要包括对国家和民族认同、对中国特色社会主义道路认同、对社会主义核心价值观认同等。大学生政治认同的状况既是大学生思政教育质量的直接反映，也是新一代青年意识形态构建情况的具体表现。从个人层面出发，没有构建正确意识形态的大学生，就算取得成绩、科研、就业甚至是创业上的成功，也不能说是很好地接受、完成了大学教育。基于社会国家层面，如果一个社会的中坚力量——青年都没有树立正确的价值观，没有构建正确的意识形态，那么这个社会的安定也是脆弱的，极易受到别有用心势力的意识形态的渗入。

大学生的政治认同情况，虽然是其成长环境、三观内容的真实映射，但同时又在很大程度上受到目前社会氛围对其思想引领的影响。而思想引领是新时期高校共青团工作的首要任务。高校共青团具有贴近大学生的天然优势，在思政教育中起着不可替代作用。如在党的十九届五中全会召开的背景下，高校共青团可以借助青年大学习、团日活动等方式，帮助大学生加深对党的十九届五中全会思想的理解。同时，习近平新时代中国特色社会主义思想也为高校的共青团活动指明方向。它要求共青团承担营造良好校园氛围、助力大学生建立正确的思政观念的任务。基于此，各大高校共青团组织了文艺活动、志愿活动、科创比赛、社会实践、学术分享会等一系列活动。但目前其实施成果尚未能有人进行系统定量分析。

因此，在团学工作背景下，既需要充分认识其对于大学生政治认同的重大影响性，更需要对其影响程度、实施成果进行深度剖析整合，为完善大学生政治认同培育路径助力。建立一套科学的大学生政治认同影响机制的衡量模式，形成有效的政治认同的建设路径，是当前人才建设的迫切需求，也是促进社会和谐、政治稳定和民族团结的重要任务，具有重要的学术价值和应用价值[2]。本文基于95后大学生的3 400份样本数据，通过构建因子分析模型，将三个维度（国家认同、执政党认同、意识形态认同）下分的五个因子（国家归属感、国家责任感、执政效能认同、执政价值认同、中国特色社会主义认同）进行因子分析与旋转，选取生源地、父母政治面貌、本人政治面貌等作为控制变量，选取被调查者所在学校的团学工作建设情况作为被解释变量，进行回归分析。

相较于以往的研究，本文的贡献体现在三个方面：一是将团学工作的开展情况与大学生政治认同联系起来，将团学工作的开展情况浓缩为四个方面：基础建设、信息透明度、干部作风与课外活动。从数理层面论证了团学工作的开展情况与大学生政治认同程度存在相关关系。二是采用逐步推进的方式进行实证检验，通过因子分析与旋转的方法将大学生政治认同情况归结为三个因子，分别是：国家认同、执政党认同与意识形态认同，在后文将其作为被解释变量进行分析。三是系统概括团学工作的开展对大学生政治认同的意义，并进一步提出相应的政策建议。

二、实证策略、模型与变量设计

（一）实证思路

本文研究对象集中于1995年以后出生的大学生，这个时期的大学生生活在网络信息化时代，大众传媒、网络信息的发展深刻影响着他们的政治素养、政治思想、政治价值观等。本文在传统的国家认同和执政党认同这两个一级维度的观点上，新增加了意识形态——中国特色社会主义认同，在探究新时代大学生政治认同现状的基础上，构建测定大学生政治认同水平的指标体系，对影响大学生政治认同的因素进行归类并进行相关的因子分析，同时结合多元回归，分析了我国新时代大学生政治认同的影响机制，为今后提升政治认同水平的路径培育提供合理的政策优化方案。

（二）模型设计

1. 政治认同影响因素因子分析

因为新生代大学生政治认同的细分维度较多，研究中可以采用因子抽象方法，这样得到相关数据矩阵，将因子载荷和因子相关的数量关系从矩阵中提取出来，以此实现"降维"。通过因子分析的方法，找到重要的测量指标可以反映政治认同程度。其因子分析的模型如下：

$$x_j = b_{j1}h_1 + b_{j2}h_2 + b_{j3}h_3 + \cdots + b_{jn}h_n \qquad （1）$$

b_{jn} 是因子载荷，因子载荷反映了 x_j 和 h_n 因子的相关程度，如果 b_{jn} 越大，说明这个因子 h_n 和 x_j 之间的相关程度越高。本课题将利用因子分析中的主成分分析法，分析出显著影响政治认同的影响因素。

2. 政治认同影响因素指标评估

在因子分析的基础上，选出明显的影响因素，利用多元回归的方式，对影响因素进行评估。多元回归的模型为如下：

$$M = a + c_1 y_1 + c_2 y_2 + \cdots + c_n y_n \qquad （2）$$

我们采用了国家认同、执政党认同和中国特色社会主义认同这三个作为因变量 M，学校的团学工作建设情况作为自变量 y_1、y_2、y_3。以此得出这些因素是如何影响新时代大学生的政治认同水平，以及影响程度如何。

（三）问卷与变量设计

采用 Likert scale，在问卷的设计中设计五种答案，即非常不同意、不同意、不一定、同意、非常同意，并分别赋值1、2、3、4、5，调查者的分数就是每题回答分数的加总[3]。在本次调查中，针对不同机制的研究，主要是通过不同的问卷来开展。其中问卷的主题分为三个部分，分别获取三个大类方向的数据。

第一部分为被调查者的个人背景。包括：生源地，农村 / 城市；父母政治面貌，党员 / 群众；本人政治面貌，党员 / 非党员（因为大一、大二、大三学生中党员比例相对较低，且本指标的选取本意是反映该被调查者的政治倾向，因此，这里的党员广义上包括了入党积极分子、党的发展对象与预备党员，后文不再进行说明）；从政规划，有 / 无；所学专业类型，理工科 / 人文社科；家庭情况，富裕 / 非富裕。它们将作为回归模型中的控制变量来探究对政治认同的影响。

第二部分为被调查者所在学校的团学工作建设情况。主要包括基础建设、信息透明度、干部作风与课外活动四个方面。每一个方面设置一个题项由被调查者填写。它们将作为回归模型中的解释变量来探究对政治认同的影响。如表1所示。

表1 学校团学工作建设情况

方 向	细 节	解 释
基础建设	团务管理与团建	团学干部有明确规整的组织体系，团学干部挂钩班级，并且每隔一段时间就会进行团学建设活动
	团课团校培训	团学干部会定期要求团员参加团课培训活动，如青年大学习
	支部团日活动	班团组织会定期开展团日活动，并进行公众号平台等相关宣传
信息透明度	评优评先	团学组织有明确的评优标准并且严格执行
	入党推优	对申请入党的同志进行严格考察，并及时公示
	团学干部选拔	团学干部的选拔遵循公开透明的原则，并且接受各团员的异议
干部作风	组织规范	团学组织有明确的行为规范，各学生干部严格遵守
	学生干部作风	学生干部作风优良，且无挂科等不良现象
课外活动	志愿活动	团学组织积极开展志愿活动
	社会实践	团学组织每个假期都安排社会实践相关活动
	科创比赛	团学组织积极转发各科创比赛的相关通知，鼓励各团员参与

第三个部分为被调查者的政治认同情况。共有三个一级指标与五个二级指标。二级指标主要由19个题项来考察。如表2所示[4]。

表 2　被调查者的政治认同情况

维　度	因　子	题　项
国家认同	国家归属感	我为自己是中国人而自豪
		看一些抗疫主题的影视作品时，我很庆幸自己诞生在中国
执政党认同[①]	国家责任感	天下兴亡，匹夫有责
		为中华之崛起而读书
	执政效能认同	对于中共立党为公、执政为民有信心
	在以下的工作中，我对我们党和政府的表现很满意	大学生就业支持
		医疗工作改革
		房价调控
		反腐倡廉工作
		教育工作改革
		生态环境保护
		缩小收入差距
		民主政治建设
	执政价值认同	没有共产党，就没有新中国
		截至目前，除了中国共产党，没有其他党派能担当起实现中华民族伟大复兴的历史重任
		坚持社会主义道路才有前途
意识形态认同	中国特色社会主义认同	坚持中国特色社会主义是中国经济 20 年来高速发展的一个重要原因
		中国特色社会主义开创了一条全新的国家发展道路，且历史已经证明了其正确性
		习近平新时代中国特色社会主义思想，是党和国家必须长期坚持的指导思想

三、实证结果

本研究主要采用因子分析和多元回归分析的方法，实证分析我国新时代大学生政治认同的影响机制。首先采用因子分析方法，对影响大学生政治认同的因素进行归类，继而采用多元回归分析予以进一步验证。

---

① 第二、三个部分的问题将采取里克特五点记分制。每个项目赋予 1～5 分，题目分数越高，表明被调查者政治认同的影响因素越强，大学生政治认同度越高。

（一）数据来源

本文数据源自问卷星的问卷调查。问卷调查群体主要为95后大学生，问卷发放时间为2021年1月1—31日。再经过无效性问卷筛选后，最终获得3 400余份有效数据。

（二）因子分析

本研究用李克特方法量化问卷题目，得出中国特色社会主义、执政效能认同、国家归属感、执政价值认同、国家责任感认同五个二级指标，并对其进行分析，得出了意识形态、国家、执政党认同三个一级指标，进行指标体系评估[5]。

1. 因子分析的前提条件

本研究已经提前将数据进行了分析整理，生成了相关系数矩阵，发现有一半以上的变量之间的相关系数介于0.5 ~ 0.7之间。可以判断存在相关关系。

2. 因子的抽取

本研究对五个二级指标进行提取公因子后，所得结果如表3所示。

表3　公因子累计贡献率

	Factor1	Factor2	Factor3
Cumulative var	0.42	0.56	0.82

在表3中，第一行Factor1表示提取出的新的因子，第二行为主成分累计贡献率。因为前三个因子贡献率累计达到82%，因此可以选取前三个为主因子，这与我们前文所述的一级指标吻合。

在求出主因子后，其典型代表量不是很突出，还需要通过因子旋转，得到比较满意的主因子。如表3所示，在这里我们采用正交旋转的方法，应用极大似然法对因子进行旋转。表4表示采用最大方差正交旋转法所得的因子载荷。在经过三次旋转后，累计方差仍为82%。旋转后因子原有解释变量进行了重新分配，在下文中将详细说明。

表 4　正交旋转后的因子载荷

变量名	旋转前的因子载荷			旋转后的因子载荷		
	F_1	F_2	F_3	F_1	F_2	F_3
国家归属感	0.350	0.307		0.983		0.155
国家责任感	0.448	0.310			0.921	0.142
执政效能认同	0.340	0.582	0.517	0.127	0.844	0.124
执政价值认同	0.363	0.561	0.531	0.985	0.293	
中国特色社会主义认同	0.454	0.693	0.527	0.210		0.953

3. 因子的命名

给抽取后的因子进行命名，使因子具有解释变量的特征。如表 4 所示，以 0.8 的因子载荷为标准，筛选二级指标，可以得出大于 0.8 以上的三个因子对应的变量分别为：国家归属感、执政价值认同，国家责任感、执政效能认同，中国特色社会主义认同。在对三个因子进行命名时，为了与前文吻合，依然将三个主要因子命名为三个一级指标，即国家认同、执政党认同、意识形态认同。但不同的是，二级指标发生了转换[6][7]，具体如图 1 所示。

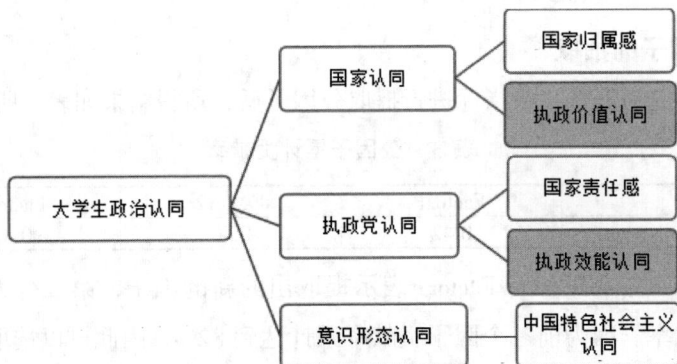

图 1　旋转后的因子示意图

在下文中出现的三个被解释变量国家认同、执政党认同、意识形态认同均为旋转后的因子。

（三）回归分析

我们运用多元线性回归模型进行评估。

其中，多元回归的数学模型为：

$$M=a+c_1y_1+c_2y_2+\cdots+c_ny_n \qquad （3）$$

在本文中，将生源地；父母政治面貌；本人政治面貌；从政规划；所学专业类型；家庭情况作为控制变量，当生源地为农村；父母政治面貌为党员；本人政治面貌为党员；所学专业为理工科；家庭情况为富裕时，虚拟变量值取 1，否则取 0[8]。将被调查者眼中团学工作的建设情况作为虚拟解释变量（具体包括上文中提到的基础建设、信息透明度、干部作风与课外活动四个方面），将大学生政治认同的三个因子：国家认同、执政党认同[①]、意识形态认同[②]作为被解释变量，进行回归分析[9]。

表5　回归系数示意表

被解释变量	国家认同		执政党认同	
	A_1	B_1	A_2	B_2
生源地	−0.221	−0.023	0.053*	0.075***
父母政治面貌	−0.233	−0.033	0.022	0.066
本人政治面貌	0.013**	0.042**	0.016*	0.033*
从政规划	0.026*	0.045**	−0.223	−0.014
所学专业类型	−0.037	−0.016	0.032	0.059*
家庭情况	−0.041	−0.019	−0.033	0.012**
基础建设		0.021***		0.043**
信息透明度		0.013***		0.042*
干部作风		0.046**		0.043**
课外活动		0.041***		0.02***
R^2	0.678	0.710	0.567	0.786
修正后的 R^2	0.622	0.688	0.486	0.625
F	24.55***	8.816***	93.22***	44.8***

①　执政党认同是政治学研究中的一个概念。以认同的含义以及特征为基点，这里认为政治认同兼具理性与非理性因素。参考相关文献，本文中政治认同主要指执政效能认同与执政价值认同。具体见前文表2。

②　意识形态认同原指社会成员承认特定社会的政治纲领、价值取向，并把社会主导的理想信念作为自己行为的准则。本文中意识形态认同主要中国特色社会主义认同。具体见前文表2。

续表

被解释变量	意识形态认同		政治认同③（总）	
	A_3	B_3	A_4	B_4
生源地	0.044	0.053	0.013*	0.042***
父母政治面貌	0.016**	0.0356*	0.026**	0.018**
本人政治面貌	−0.052	0.017*	0.056**	0.038**
从政规划	−0.028	−0.048	0.029*	0.041**
所学专业类型	0.039	0.033	−0.031	−0.05
家庭情况	0.042**	0.021	0.042	−0.043
基础建设		0.043**		0.031***
信息透明度		0.013*		0.042**
干部作风		0.073**		0.065***
课外活动		0.056**		0.036**
R^2	0.851	0.824	0.734	0.843
修正后的 R^2	0.803	0.773	0.685	0.811
F	33.66***	5.01***	34.81***	66.2***

注：$*P<0.05; **P<0.01; ***P<0.001$。

如表所示，其中回归系数数值均无意义，核心解释变量均对被解释变量全部高度显著。A_1、A_2、A_3、A_4模型表示，控制变量中生源地、父母政治面貌、本人政治面貌、学生的从政规划对政治认同属于正向关系，其他变量只对其某一因子产生比较明显的影响。说明生源地在农村，父母与本人政治面貌是党员，有从政规划的学生政治认同度更高。

B_1、B_2、B_3、B_4模型表示，首先，解释变量与政治认同总变量存在显著正相关，表明被访者对团学工作的满意程度越高，相应地，其政治认同度越高；其次，控制变量中，生源地、父母与学生政治面貌、学生的从政规划与政治认同正相关比较明显，其他的无明显变化，表明有从政规划的大学生，生源地在农村，父母是党员，有意向从政的学生政治认同度比较高。

① 马克思在《资本论》就曾使用过"阶级意识"的概念来分析政治认同。政治认同主要指的是人们在社会政治生活中产生的一种感情和意识上的归属感。是一个总体概念。具体细分可包括体制认同、政策认同、阶级认同、政党认同、宗教认同等方面。本文在原有文献的基础上创新，主要研究了国家认同、执政党认同、意识形态认同这三个子方面。

四、结论与建议

（一）结论分析

本文将三个维度（国家认同、执政党认同、意识形态认同）下分的五个因子（国家归属感、国家责任感、执政效能认同、执政价值认同、中国特色社会主义认同）进行因子分析与旋转，选取生源地、父母政治面貌、本人政治面貌等作为控制变量，被调查者所在学校的团学工作建设情况作为被解释变量进行回归分析。回归结果表明：1.团学工作的开展情况与大学生政治认同程度存在显著相关关系。认为团学工作开展得好的大学生，往往具有较高的政治认同程度。结合我国团学工作建设情况理解：认为团学工作开展得较好的大学生，往往是团学活动中较为积极的学生或是团干部中的相关成员，相较于其他人，这部分学生本身就处于一个更加积极的社会氛围中，因此他们具有更加高水平的政治认知。2.在本文选取的样本中，生源地、父母政治面貌、本人政治面貌、学生的从政规划这四个控制变量与大学生政治认同的情况有显著相关关系。结合我国的社会形态分析，首先，目前我国近年来不断强调优先发展农村，城市反哺农村的方针政策，因此，相比于城市的学生，农村的学生无论是在教育上或是生活补助上，感受到更多的政策倾斜，因此有更高的政治认同程度；其次，如果父母与本人政治面貌是党员，此类大学生相应地处在一个更积极的环境中，对党有着更高程度的认同与理解，因此有更高的政治认同程度；再次，有从政规划的大学生，有不少是基于自己的政治理想与为人民服务的热情，此类学生自然具有更高的政治认同程度。

（二）相关建议

1.完善团学工作基础建设，构建共青团思政引领长效机制 [10]

《中国共产主义青年团支部工作条例》中指出，团支部是团的基础组织，是团组织开展工作的基本单元，在教育青年、凝聚青年方面起着重要作用 [11]。同时回归结果表明，团学工作的基础建设情况对青年的政治认同情况有重大影响。因此，这就要求各高校完善团学工作的基础建设，包括但不限于团务管理与团建、团课培训、团日活动等方面。结合共青团中央文件，针对普通高等学校中的团学基础建设，可以通过以下方面进一步加强和改善：继续做好团组织"推优"入党工作，巩固马克思主义在高校意识形态领域的指导地位；通过"第二课堂成绩单"制度，丰富团日活动内容，鼓励基层团支部结合实际开展主题突出、特色鲜明、形式多样的学习活动，发挥好组织化学习优势；通过开展专题宣讲的方式，完成团课团校培训，要求团的专职干部在深入自学的基础上向基层团员讲述党史团课，引导团员们听党话，跟党走。

2. 开展更加丰富的团学活动，强化大学生的思想政治引领工作[11]

回归结果表明，对于团学课外活动满意度高的学生，往往具有较高的政治认同度。高校可以通过丰富的团学课外活动强化大学生思想政治引领工作。活动包括但不限于：文体活动、志愿活动、社会实践、科创讲座、学术交流会等。例如：开展红色教育活动，抓住重要时间节点，结合实际情况，广泛开展讲述党的故事、缅怀革命先烈、寻访红色地标、寻访英雄模范等系列实践活动；进行志愿服务活动，引导团员青年在校园内、城市社区、农村基层开展理论宣讲等各类公益活动，增强服务他人、贡献社会的责任感；开展以"学'四史'迎建党百年，担使命展青春作为"为主题的社会实践活动，激发团员青年在实践中服务社会、提升自我，坚定为全面建成新时代社会主义现代化国家砥砺奋斗的决心和信念；大力推进"红色校园、绿色校园、书香校园、文化校园"建设，积极发挥文化展览和文艺演出活动在夯实思想宣传阵地、打造党性锻炼"第二课堂"方面的作用。

3. 持续推进从严治团，规范团学干部作风[14]

回归结果表明，团学干部作风直接影响大学生的政治认同程度。共青团中央（〔2021〕2号）文件要求高校的各团组织应持续推进从严治团，着力打造政治过硬、作风优良、纪律性强的团员团干部队伍。加强团内作风建设和纪律建设可以从以下方面加以改善：加强团内学生干部作风建设，做到知行合一，言行一致，在实践中落实为广大师生和学校发展服务，定期实施学生干部民主测评，集体谈话等机制，将学风、作风建设测评机制常态化，以广大学生干部群体满不满意、拥不拥护，作为学生干部考核的重要标准；广泛征求校院两级党委、广大师生对于共青团工作和共青团干部队伍建设的意见建议，认真扎实进行整改提升，聚力解决团学干部队伍建设和共青团工作推进过程中的实际问题，强化责任担当，提升能力水平，大力营造风清气正的团干部工作生态环境。

【参考文献】

[1] 梅萍，杨珍妮. 中国梦视域下的民众政治认同与道路自信的提升 [J]. 当代世界与社会主义，2015（02）.

[2] 曹峰. 高校思政课话语体系下的大学生政治认同 [J]. 中国青年社会科学，2016（03）.

[3] 李坤凤. 大学生"国家认同"核心素养评价指标体系的构建 [J]. 学校党建与思想教育，2017（09）.

[4] 李天兵. 大学生政治认同的实证研究——基于四川省内6所高校的调查 [J]. 科教导刊（下旬），2018（06）.

[5] 邱杰，张瑞，左希正. 大学生政治认同教育研究 [J]. 社会科学家，2014（07）.

[6] 元修成，张澍军. 解析大学生政治认同的形成机理 [J]. 东北师大学报（哲学社会科学版），2014（06）.

[7] 姜金栋，孙瑞琛，陆明洁. 大学生政治认同的差异性比较研究 [J]. 青年发展论坛，2018（01）.

[8] 陈锡敏. 思想政治理论课与大学生国家认同 [J]. 教学与研究，2017（02）.

[9] 邹金霞. 论高职院校大学生思想政治教育的"心理认同" [J]. 高教探索，2016（08）.

[10] 刘柳. 探究团学工作在高校学生思想政治教育中的作用 [J]. 中国

新通信，2020，22（15）.

［11］闫亚松. 团学工作视角下二级院系大学生思想政治教育的提升路径研究［J］. 林区教学，2020（06）.

［12］王力岩，王晗. 以团学工作推动新时代高校思政教育的思考［J］. 科教导刊（上旬刊），2019（06）.

［13］王雅迪，许舒闲，陈飞洋. 高校学生团学推动思政工作发展的研究——基于H校的调查［J］. 中国多媒体与网络教学学报（上旬刊），2019（05）.

［14］付正，郑秋实. 新时代提高团学干部政治素养的若干思考［J］. 北京教育（德育），2018（10）.

传承红色基因 青年读懂中国社会实践育人共同体机制研究

韩睿子 甘 甜

（中南财经政法大学财政税务学院）

摘 要： 随着我国经济社会和高等教育的快速发展，如何创新大学生党建工作，推动大学生思想政治教育取得实效，是各级党组织始终高度关注和积极思考的一个问题。财政税务学院党委针对按年级设置横向党支部管理模式存在的党支部内部缺乏稳定性、发展党员不具统一性、教育党员缺乏"传帮带"等问题，学院深入学习贯彻党的十九大精神，落实立德树人根本任务、创新大学生思想政治教育，有效引导大学生树立正确的历史观、民族观、国家观、文化观，学院开展"读懂中国"青年党性培养质量工程，旨在帮助青年学生树立坚定的政治信仰与理想信念，始终学习领会习近平新时代中国特色社会主义思想，引导青年学生通过实践真知透彻领会新使命，接受系统党性教育培养，扎根中国大地了解国情民情，最终成为一名知党爱党向党到入党的新时代青年。

关键词： 读懂中国；青年党性；社会实践；红色基因

一、培养目标及培养体系建立

中南财经政法大学财政税务学院"读懂中国"青年学生党性培养质量

工程（理论学习环节）旨在帮助青年加深对中国特色社会主义理论体系的理解，初步掌握马克思主义的立场、观点和方法；正确认识中国革命、建设和改革的历史以及基本国情，增强对当代各种社会思潮的辨析、甄别能力，进一步坚定跟党走中国特色社会主义道路的理想信念。具体目标可概括为"三个基本、两个初步、一个必须"。

"三个基本"是：对党的基本知识要基本掌握，对党的历史要基本了解，对党的重要思想和理论要基本懂得。

"两个初步"是：初步建立对党的感情和忠诚，初步树立对社会主义、共产主义的信念和对马克思主义的信仰。

"一个必须"是：必须积极参加党的活动，完成党交给的任务。

同时，在培养方式上，基于端正学生入党动机，提高学生党员党性修养的目的，在理论学习、实践锻炼、强国论坛、榜样力量等板块基础上，围绕全心全意为人民服务的宗旨，具体针对党性核心的六个方面让我院学子真正在思想上树立正确的入党动机，扎实完成从非党员到党员身份的转变。最后，中南财经政法大学财政税务学院"读懂中国"青年学生党性培养质量工程采用学分制的培养方式。其中课程分为理论学习、党性分析、强国论坛、实践锻炼、青年榜样5个板块。

总学分修满25分则达到要求，其中必修学分共16分，需全部修满。

选修学分5个模块，共计25个学分，须修11个学分以上。全程教学计划表如下。

表1　新时代青年大学生"读懂中国"党性培养质量工程教育计划表

属性	板块名称	学习内容	质量要求	时间要求	对应学分
必修（16学分）	理论学习	党校学习	1.完成一期党校学习 2.参与党课结业考试并合格	不低于24个课时	3
		思想汇报	每季度提交一份思想汇报，不少于800字 内容必须真实、全面	需连续8个季度参与	3
	强国论坛	强国论坛	撰写1 500字以上的强国讲座心得体会	3个小时	1

续表

属性	板块名称	学习内容	质量要求	时间要求	对应学分
必修（16学分）	实践锻炼	寒暑期社会实践	1. 提交社会实践报告 2. 图文并茂3 000字以上 3. 查重率不高于10%	社会实践调研累计时间不低于24个小时	2
	青年榜样	党员合格性要求	无公开反党、反国家言论；无科目挂科		2
		主题报告会	撰写1 000字以上与主题相关的心得体会	2个小时	1
	党性分析	分析评价	按期完成思想汇报，无缺席党课、党支部活动等		2
			保质保量完成社区实践活动		2
选修（25学分）	理论学习	党史知识竞赛	党史知识竞赛参赛		3
			自主参加院党史知识竞赛		2
	强国论坛	强国调研实践	撰写4 000字以上的强国调研报告（图文并茂）	24个小时以上	2
		强国调研报告宣讲会	1. 撰写调研报告 2. 制作对应宣讲PPT，明确讲解分工（每个组员参与） 3. 回答评委提出的问题	30分钟以上	2
	实践锻炼	基层挂职锻炼	1. 提交社会实践报告 2. 图文并茂3 000字以上 3. 查重率不高于10%	基层挂职锻炼累计时间不低于24个小时	2
		志愿服务活动	院青年志愿者协会开具参与志愿服务活动证明	志愿服务活动累计时间不低于12个小时	
	青年榜样	所获荣誉	获省级（含）以上重大奖项		2
		寒暑期社会实践	撰写3 000字以上与主题相关的实践报告（图文并茂）	不少于24个小时	2
		科学研究	荣获科研奖项	不少于2项	2
	党性分析	分析评价	建立一对一帮扶对象		2
			完成一篇社区—学院党建共建课题		2
			民主生活会后自身问题得到较大改善并得到支部成员认可		2

二、主要做法及实际成效

（一）理论学习打牢学生党性培养基础

我院于 2017 年开展党校培训活动，胡洪曙、薛钢、周巍、熊思宏四位老师分别为同志们解读了"中国共产党的奋斗目标和基本路线""培育和践行社会主义核心价值观""习近平总书记系列讲话精神与青年大学生成长""牢固树立正确世界观"四个主题的相关知识，每次培训后同志们都写下了思想汇报并上交组织。

（二）党性分析弘扬红色基因传承

财税学院各党支部每月严格按照"5+X"流程开展党日主题活动，每位党员同志都按时到场学习文件，在会上就自己的看法与大家进行讨论。

（三）强国论坛增智慧，读懂中国镜头绘

为了让同学们提高党员修养、强化自身强国使命感与责任感。我院先后邀请了马少骅老师和杨禹老师做客财政税务学院"读懂中国"之强国论坛。马少骅老师告诫同学们要将个人追求与国家追求、个人命运与国家命运紧紧纽在一起，说实话、做实事，在自己所处的领域有所作为。杨禹老师则指出中华儿女要不忘初心，把国家民族的前途命运扛在自己肩上，继续前进，共同努力，才能交出更加优异的答卷。

基层是党员干部工作的源头活水，是一切工作的基础，是最能密切联系群众的地方。2017 年 9 月 7 日晚 19 时整，财税学院税收学党支部的六名 2016 级入党积极分子与党支部成员分享了暑期基层实践的体会。丰富多彩的实践活动都让同志们切实感受到基层党支部的工作人员不仅真正地做到了与人民群众打交道，贯彻落实"为人民服务"的宗旨，还认识到了"没有共产党，就没有新中国"，正是中国共产党在不断推动中国的建设与发展，并走向强大。强国论坛开展成效显著后，"读懂中国"试点活动进一步推进，

将邀请校外知名人士来校做讲座转移到充分发挥校内老同志"中国道路见证者亲历者"的优势，旨在让青年学生读懂中国从读懂学校开始，通过组织学生与本地、本校"五老"结对，聆听"五老"经验之谈，来培养中国特色社会主义的建设者和接班人。

习近平总书记曾强调，要弘扬"五老"精神，尊重"五老"，爱护"五老"，学习"五老"，重视发挥"五老"作用，推动关心下一代事业更好发展。广大老干部、老战士、老教师、老模范等离退休老同志是党和人民的宝贵财富。这一要求引起了党政领导的高度重视，提出确保"五老"关心青年学生健康成长，引导青年学生在实践中真正"读懂中国"。为此，我校关工委邀请到四名有代表性的本校老干部、老教师，让他们以改革开放见证者、亲历者的身份与青年学生结对，通过结合武汉地方特色、学校办学历史和发展历程，因地制宜，打造"一校一品"，分别带领学生参观武汉桥文化博物馆，讲述武汉长江大桥历史和中国桥梁建设成就；携手财税学子走进武汉税收博物馆，结合本校学科专业特色和优势，讲述中国财税体制改革发展历程；与学生共同漫步于中南财经政法大学校史馆、希贤岭，亲述本校建校的辉煌历史和发展凯歌；引领学生观摩我校货币金融历史博物馆内的货币藏品，讲授货币的流通与演进过程。通过面对面交流和生动讲述，真正使青年学生在耳濡目染中读懂中国，认识和了解中国改革开放和社会主义建设的伟大成就。

"五老"结对活动不仅惠及亲身参与的入党积极分子，还以微视频和新媒体传播的方式更加广泛地在青年学子间弘扬"五老"精神。关工委系列活动从前期、中期、后期，都得到了广大青年学生的热烈响应与积极配合。在"读懂中国"试点活动的前期，财税学院利用青年喜闻乐见的新媒体平台号召全校青年学生踊跃参与投稿，不少学生利用新颖的形式和丰富的创意将"五老"事迹拍摄成微视频；在中期，学院更是多次举行师生微视频拍摄座谈会，让青年学生分享自己是怎么"读懂中国"的，自己在这一过程中"读懂"了什么，并特邀知名诗人、词作家、导演等专业人士从拍摄立意技巧方面为学生做了详细的指导；在后期，同学们将收集好的"五老"

素材进行整理，继续利用新媒体平台优势，展播择优筛选后的系列高质量投稿视频。

（四）青年榜样明确学生发展目标

党的领袖人物的成长历程是党史的重要组成部分，《习近平的七年知青岁月》是党员干部锤炼党性的生动范本。我院团委通过公众号发表文章，让同学们阅读习近平的七年知青岁月，感受榜样的力量，从一个个简单而又平凡的故事中进一步"读懂中国"，从而更加坚定同学们的革命理想和精忠报国的崇高信念。

（五）实践足迹遍四方，着力建设"双基地"

为结合学科建设与人才培养需求，组织学院党员教职工及青年学生深入革命老区、贫困山区、经济特区等地进行学生专业实习基地与青年党性培养基地的拓展、挂牌与教育实践活动，使全院师生进一步深刻感受中国的历史性变革和伟大成就，财政税务学院突出学院党建与人才培养"双基地"建设，决定在选定地区开展"新时代青年党性培养基地"暨"财税专业人才培养实践基地"挂牌仪式。

在2018年暑期社会实践中，财政税务学院结合实际共派出由院领导及青年学生携手组成的8支队伍，分赴第一批建设基地，即陕西延安（梁家河）、四川凉山（梁尚敏财税思想史相关地）、河南宝丰（中原大学旧址）、上海浦东新区（中共一大会址）、广东深圳特区、河北雄安新区、广西东兴国家重点开发开放试验区、香港特别行政区开展"双基地"建设。同时，结合党史国情，在当地开展"'读懂中国'——新时代青年党性培养质量工程"党性培养与红色教育活动；结合学院人才培养计划，与合作单位签订学生实习实训基地建设合同。

三、实际成效

（一）初步建立了一套较完整的"读懂中国"青年学生党性培养质量工程

"读懂中国"青年学生党性培养质量工程采用学分制，以课堂理论学习与实践训练为载体，对青年榜样进行深入挖掘，引导青年学生学习党的理论，提升党性修养。此外，支部定期开展强国论坛活动，聘请了马少骅老师、杨禹老师等人为党建咨询专家，引导青年学生坚定跟党走中国特色社会主义道路的理想信念，积极践行中国梦。

（二）学生党员在学习、生活、工作中发挥了先锋模范作用

通过开展"读懂中国"青年学生党性培养质量工程，学生党员积极参与强国论坛讲座与社区服务活动，党员自身的党性修养得到增强，自身的综合素质也得到完善。以学生党员张炜杰、翟芮嘉同志为代表的九位同学入围全国税法知识竞赛决赛，五人荣获全国一等奖，居全国高校之冠；学生党员严侦文同志、预备党员杨姝悦同志等四人组成的代表队在德勤税务精英挑战赛中获得全国季军的佳绩。

（三）入党流程、党员管理制度进一步规范化，党员素质明显提高

在对学生党员进行发展和党员管理的过程中，党支部克服了以往的松、散、懒等问题，严格按照《中国共产党发展党员工作细则》与《中共中南财经政法大学委员会党校学生入党积极分子培训教务管理工作实施办法》的要求对入党积极分子、发展党员的党性修养进行考察，考察发现发展的新党员的素质显著提高。党支部定期开展"两学一做"学习教育，党员的党性修养与综合素质明显提高。

（四）群众和入党积极分子参加活动的积极性和主动性显著提高

在"读懂中国"青年学生党性培养质量工程建设中，在先进党员的模

范带头作用下，群众和入党积极分子参加各项实践活动的积极性和主动性得到了显著提高。税收学 2016 级本科生积极参加养老院探望老人、文明校园清扫等社区服务活动和"忆党史、颂中华"党史知识竞赛、心理健康知识竞赛等各类竞赛活动。在 2017 年中南财经政法大学田径运动会中，付雨欣同志、李子恒同志等人积极参与，为学院赢得了各项荣誉。

本次"双基地"建设活动充分体现了"党建＋调研"的特色，将党性培养与专业实践相结合，参与本基地建设的教师及青年学生皆表示受益匪浅。"双基地"建设各分队师生通过学习和调研中的亲眼所见、亲耳所闻，深切感悟中国共产党的历史担当和社会主义制度的优越性，进一步坚定中国特色社会主义道路自信、理论自信、制度自信和文化自信，更加深刻地读懂党情、读懂民心、读懂中国。多方实践走访，让中南财经政法大学与各地党政部门有了共同携手发展的信心，在今后的"读懂中国"系列活动中也将深层次地加强沟通交流，搭建创新平台，以党建引领思想、用党性驱动进步、将党建融入生活。

四、经验启示

（一）创新党员目标教育管理是激活党建工作活力的有效途径

"读懂中国"青年学生党性培养质量工程创新了党员的目标管理，是提高高校党建工作科学化水平的一个有益探索，活跃了高校基层党组织工作的载体和形式，激发了基层组织的工作动力和活力。通过目标管理，学生党员明确了自身的身份与责任，以更加高昂的热情和饱满的精神状态参与组织的活动，接受组织的管理，在组织中创先争优，使组织更具凝聚力、活力和战斗力。

（二）加强党员思想教育管理是促进先进党员成长的必经之路

"读懂中国"青年学生党性培养质量工程有效提高了学生党员的先进性和入党积极分子的主动性，但党员教育管理的工作内容、活动方式还有待进一步拓展，活动层次须进一步提升。个别学生党员的先进意识和模范作用不够，个别入党积极分子入党动机不纯，在个人要求和组织监督方面显得相对薄弱。如何针对学生党员不同阶段的不同特点开展思想教育管理，是党支部今后需要进一步深化的内容。

"十四五"发展规划中高校共青团组织对法学人才培养的优化路径探析

——以中南财经政法大学法学院为例

王　瑄　贾立人　谭清华[①]

（中南财经政法大学法学院）

摘　要： 2020 年 10 月，中国共产党第十九届中央委员会第五次全体会议审议通过了《中共中央关于制定国民经济和社会发展第十四个五年规划和二〇三五年远景目标的建议》（以下简称《建议》），《建议》提出要坚持马克思主义在意识形态领域的指导地位，深入开展习近平新时代中国特色社会主义思想学习教育，推动理想信念教育常态化制度化，深化人才发展体制机制改革，全方位培养人才，建成法治国家、法治政府、法治社会。而高校是为社会培养高素质人才的重要平台，承担着人才培养的使命，高校作为青年的聚集地，高校共青团对人才的培养具有基础性、战略性、源头性地位，因此，必须加强共青团基层组织的建设，完善工作机制，创新建设工作平台，发挥自身的功能，帮助大学生坚定正确的政治方向，树牢"四个意识"，坚定"四个自信"，坚决做到"两个维护"，勇于担当作为，树立正确的世界观、人生观、价值观。

---

① 王瑄，法学院分团委书记。

关键词： 十四五发展规划；共青团组织；法学人才培养

"十四五"规划提出，要坚持法治国家、法治政府、法治社会一体建设，完善以宪法为核心的中国特色社会主义法律体系，深入开展法治宣传教育，有效发挥法治固根本、稳预期、利长远的保障作用，推进法治中国建设。高校法学教育作为法制建设的重要一环，目前正面临社会矛盾转变新形势下的改革潮流。"十四五"规划强调全面坚持党的领导的号召，要推动作为党的后备军的共青团领导高校探索法学人才培养机制的新路径，落实党在各基层的领导。而在学校教育中，共青团组织对人才培养的作用日益突出。从2005年《关于进一步加强和改进高等学校共青团建设的意见》到2017年《关于加强和改进新形势下高校共青团思想政治工作的意见》，教育部与共青团中央常委对于高校共青团的角色定位与发挥的作用一直保持高度重视和与时俱进地创新，始终将加强大学生思想政治引领和价值引领作为高校共青团的核心任务。"深化实施青年马克思主义者培养工程""构建和完善党领导下的'一心双环'团学组织格局""广泛开展社会实践活动"和"大力开展大学生志愿服务活动"等指导意见的提出，为高校共青团组织该如何加强对大学生的人才培养明确了重心，提供了路径，指明了方向。

2016年11月，共青团中央、教育部联合印发《高校共青团改革实施方案》，在共青团改革大局中推进高校共青团改革创新，切实加强和改进高校共青团各项工作和建设。方案明确指出高校共青团改革实施必须牢牢把握政治方向，尊重大学生主体地位，建设更加充满活力、更加坚强有力的高校共青团。我国高校共青团主要承担着思想意识建设与领导的重任，抓好大学生思想意志工作对于培养有理想、有担当的21世纪卓越法学人才至关重要。同时，法学教育是中国高等教育的重要组成部分，也是中国实行"依法治国，建设社会主义法治国家"的重要保障。"十四五"规划中明确提出建设高质量教育体系的目标，加快培养理工农医类专业紧缺人才，作为人文社科类的法学专业的法科学子将如何找准自己的定位，发挥自己的优势，在瞬息变化的社会中实现自己的人生价值，做到个人追求与社会贡献有机统一，需要高校共青团组织在学生思想上进行明确与引领。本文试图以笔者所在的单位作为研究对象，通过分析法学院团学组织在法学人才培养中的作用，以探析在国家"十四五"发展规划中，团组织如何更好地发挥人才培养的作用。

一、共青团组织对法学人才培养的功能机制及现状分析

2021年是"十四五"规划开始实施的第一年，高校作为高等教育的主战地，其对于"十四五"规划中提到的建设高质量教育体系等内容的完善和落实具有重大作用。与此同时，团中央与教育部在高校共青团组织身上寄予厚望，无论是"深化实施青年马克思主义者培养工程"的持续建设，还是紧跟党领导下的"一心双环"团学组织格局，高校共青团组织一直是团中央和教育部加强高校人才培养的坚实纽带，因此，高校共青团组织应该牢牢把握政治方向，落实团中央与教育部提出的发展重心与路径，加强改革力度，与时俱进，承担起思想建设与领导的重任，抓好大学生思想意志工作，为各专业细化人才培养机制打下坚实的思想基础。

当今的大学生思想活跃，观念前卫，极具创造性主见，乐于打破成规，探索新路，相比之下，高校共青团更新周期长、改革力度浅的培养机制逐渐与大学生脱节，形式与内容趋于刻板保守，难以吸引青年大学生的兴趣，同时在许多方面追求表面形式，效果未能触及学生内心深层且实际受益范围狭窄。此外，团组织工作与育人工作结合得也不够紧密，"第二课堂"得不到重视，没有形成协同育人机制；日常生活中共青团存在感较低，大学生本身习惯性地被动参与共青团所组织开展的活动，再加上部分活动宣传不到位且未能形成规律开展的系列活动，这更加深了大学生与高校共青团之间的距离感。面对大学生之间价值观念多样多变与交流交锋的新形势，高校共青团对青年大学生的思想意识、价值取向等研究不深、认识不透、指导不足，无法即时有效地化解大学生的各种思想矛盾，影响大学生在人生关键期形成符合主流的正确思想。

　　法学教育是中国高等教育的重要组成部分，也是中国实行"依法治国，建设社会主义法治国家"的重要保障。高校共青团组织与法学人才培养之间具有直接的关联，且高校共青团组织在培养法学人才的过程中主要起到思想引领作用。"十四五"规划中提到要坚持马克思主义在意识形态领域的指导地位和深入学习贯彻习近平新时代中国特色社会主义思想，而在法学生的课程体系中，均有马克思主义基本原理、毛泽东思想基本概论这类具有思想引领和立德树人功能的必修课程，高校共青团组织结合学校开办的必修课程，在法学人才培养的过程中实现思想引领。除去思想引领作用外，高校共青团组织还在其他多个方面参与法学人才培养的过程并发挥作用，通过辩论赛、"青年马克思主义者培养工程"等活动为法科学子提供了学习和展示的平台，在培养法科思维和法律人的基本素养等方面起到了重要的作用。

　　法学学科在我国当前的学科分类中属于社会科学类应用型学科，而大学本科期间法学教学以课堂理论教学为主，存在重理论轻实践、教学形式单一，教学内容固化、同一化等问题。此外，课堂之外深入学习的渠道十分缺乏且存在许多阻碍因素，大学生对法学的了解局限于所听与所读，对司法实践具体情况普遍不熟悉，理论储备无法满足司法实践对于处理各种复杂且细节的情况的要求，此种情况下的大学生往往难以适应未来应用法学工作的要求，这大大延长了大学生适应法律职业生活的"磨合期"。除专业教育的不足外，高校法学人才的培养现状也存在束缚于专业领域内的短板。高校大学生在校主要学习与学科相关的专业知识，对于必要的其他相关学科的基础知识以及足够的文书写作、口头表达、逻辑思维能力及职业道德操守等掌握甚少。当前大学生思想状况日趋多样、多变，大学生思想问题也日益增加与尖锐，这些矛盾困扰着青年自身也同样为校园管理甚至社会治理带来了压力。

二、法学院共青团组织对于法学人才培养模式的现状与不足

（一）打造"青研"品牌，强化思想引领

习近平总书记曾对青年谈到学习的重要性："青年正处于学习的黄金时期，应该把学习作为首要任务，作为一种责任、一种精神追求、一种生活方式。"法学院于 2017 年 11 月率先成立"习近平新时代中国特色社会主义思想青年研习社"。青研社把研习习近平新时代中国特色社会主义思想作为核心任务，以习近平青年工作思想、法治工作思想和教育工作思想作为学习重点，认真研读原著原文、重要讲话，引导广大青年坚定"四个自信"，传承发扬"五四精神"。自成立以来，青研社聚焦时事热点，关注社会民生，定期举办青年研习社沙龙讨论、读书交流、理论宣讲等活动，并邀请学院优秀青年教师参与到青研社活动中来，形成常态化交流讨论机制，构建青年师生交流学习的平台。

（二）优化思政活动，完善组织建设

法学院共青团深入贯彻落实习近平总书记各项重要讲话和指示精神，充分发挥思想引领作用。开展"青年马克思主义者培养工程"系列活动，并以"分层次一体化"团校培训班为培养平台，将思想引领落实到每一个法科学子身上，引导青年法科学子坚定理想信念，担当时代责任。在线上，积极动员法科学子参与"青年大学习"网上主题团课学习，实现"青年大学习"常态化发展。此外，法学院共青团组织联合青年研习社和各级基层团组织，充分发挥团组织联系桥梁作用，通过多样化的宣传教育方式，扎实开展"青春心向党·建功新时代""四进四信""学四史"等主题团日活动，丰富基层组织建设，搭建多层次的学生教育和思想引领体系，深化爱国主义教育、理想信念教育和社会主义核心价值观教育，引导我院法科学子学习先进思想，坚定理想信念，培养出一批中国特色社会主义的建设者和优秀接班人。

（三）躬行社会实践，实现全面发展

法学院团委以"一流学科建设"为核心，充分发挥学科特色和优势，将理论学习与实践相结合，打造"思政＋课堂"的教育模式，调动广大法科学子的思想学习与社会实践积极性，助力法科学子成长成才。自 2019 年以来，法学院分团委结合"双一流"学科特色，打造"法治中国青春行"学院特色社会实践活动，号召广大法科学子结合专业优势，走入社会，服务社会，鼓励法科学子在实践中提升自我。

与此同时，为进一步加强对法科学子的培养，在我院共青团组织的领导下，志愿者协会 VAL 法律志愿服务团不断优化"法律＋志愿"的双驱动模式，践行"宏德尚法，躬行济世"的志愿宗旨，贯彻"奉献、友爱、互助、进步"的志愿服务精神，将志愿工作和法学特色相结合，定期开展校园普法、社区服务、养老院敬老等志愿活动，将志愿活动规范化、常态化，并积极宣传，鼓励参与，为法科学子提供参与实践、奉献自我的平台。此外，我院共青团组织积极统筹校内外资源，加强院地、院企合作，建设了一批优秀实践育人基地，积极探索实践教学创新，将社会实践纳入教学计划和学分考评体系，激励广大学子将所学知识与实践理论有机结合，不断加深对国情、社情、民情的认知体察，建立实践育人长效可持续发展机制。

（四）现有模式的不足

现有的模式以思想引领为中心，尽管活动形式丰富，但仍存在参与度不高、很难调动学生的积极性等问题，与国家"十四五"发展规划中关于人才培养的目标还有一定差距。

三、"十四五"发展规划中国共青团组织对法学人才培养的路径探析

（一）加强实践引领，优化教学方案

实践引领是最重要的法学人才培养方法之一。"十四五"规划提到，

教育要增强学生文明素养、社会责任意识、实践本领。因此，革新大学本科期间以理论课程教育占据绝对地位的传统教育模式，加强实践引领对法学人才培养的作用已是大势所趋。如今大部分学校都与一定的单位机构有着友好的交往关系，由此看来，推广由校方负责为学生提供较低门槛的实习机会，保证绝大部分学生在大学本科教育期间可以受到实践锻炼，是强化实践引领在法学人才培养机制中的作用的可行路径；同时，在优化教学方案方面，须德智体美劳一手抓，强调文体活动，志愿服务等，鼓励学生积极参与文体志愿等综合素质培养活动，促使学生主动参与综合素质锻炼，培养学生多方面的兴趣与志向，促进学生全面发展。

（二）创新主题活动，落实思想教育

高校共青团组织在法学人才培养的过程中不仅具有思想政治引领的作用，也具有引领学子综合素质发展的作用。日前，共青团组织主要组织开展青年大学习、"青年马克思主义者培养工程"系列活动、"五四"系列等活动，但存在主题较为单一，形式不够新颖等问题，学生实际受益效果欠佳，思想政治引领还须进一步强化。由此可见，共青团未来可探索"旧瓶装新酒"式的主题活动新方案，以学生喜闻乐见的方式开展新颖又不偏航的思想教育，向广大学生开放活动方案设计的大门，将决定权下放给学生，吸取学生意见，适用学生意愿，打造青年学子们自己的高校共青团。

（三）加强学风建设，细化团学架构

"十四五"规划中提到，要建设高质量教育体系，加强学风建设。各高校共青团组织可以每月收集上交院内教学反馈信息，及时向学院反馈学生在学习方面的需求；筹办学术比赛，激励学生发挥主观能动性投入理论知识的学习中；加强志愿服务和实践引领，鼓励学生利用自身所学回报社会等。此外，共青团为高校学生工作机构体系中不可或缺的一部分，在设置有独立的法学院系的情况下，共青团组织的工作才能更加细致，才更具有针对性。因此，高校共青团可推动自我改革，依据不同院系划分内部责任分工，为法学专业划分出专门小组进行管理或者独立设计管理方案，将法学特色更多地融入学生工作中，突出法学人才培养，解决一院多系学生工作同质化问题。

四、结语

高校共青团在高校中的作用具有多样性，其对引领学生思想建设具有积极作用，对维护学生利益同样具有重要性，而如何优化高校共青团对于法学人才的培养路径是当下高校建设面临的重要问题。对此问题，各高校共青团在进行法学人才培养时，应充分结合高校学科特色和法学专业特色，落实其工作的实效性，举办一系列以此为基准的活动，引领法科学子发展特色能力，增强竞争独特性，将有利于提高法学生的储备资本，更好地适应社会的需求。

参考文献

［1］王娟，李鹏飞．深入学习领会党的十九届五中全会精神"'十四五'规划与党的青年工作"研讨会举行［J］．中国青年社会科学，2020，39（06）．

［2］付中祥．法学视角下的共青团工作［J］．法制博览，2017（28）．

［3］宗惠．新时代高校共青团思想引领建设研究［J］．华北水利水电大学学报（社会科学版），2021，37（01）．

［4］吴庆．新时代共青团制度建设研究——基于国家治理体系的视角［J］．广东青年研究，2021，35（01）．

［5］缪妍妍．浅析新形势下高校共青团组织的建设与管理［J］．就业与保障，2020（21）．

［6］刘源源．基于大学生需求的高校共青团服务机制建设路径探析［J］．青年与社会，2020（26）．

［7］夏艳霞，张宪华．高校共青团文化育人理路探赜［J］．绥化学院学报，2021，41（03）．

［8］蔡其勇．做好"十四五"规划引领全市高等教育高质量发展［N］．重庆日报，2021-01-19（011）．

工匠精神推进团学工作改革的价值与路径

何 强 黄泉淋[①]
（中南财经政法大学工商管理学院）

摘 要： 工匠精神从中华历史的时间轴开始，凝结着我国劳动人民的智慧和品格，形成"精益求精""爱岗敬业""人文关怀""开拓创新"的中国工匠文化。2016—2021 年政府工作报告中连续六年提出要重塑工匠精神，党的十九大报告和"十四五"规划中也提出要培育工匠精神，驱动改革创新。本文基于工匠精神的时代内涵和团学工作改革的现状，探索工匠精神推进团学工作改革的价值维度和实现路径，提出要以精益求精的态度做一名青年工作的守门人，以爱岗敬业的情怀做一名青年工作的践行者，以人文关怀的理念做一名青年工作的同行者，以开拓创新的精神做一名青年工作的拓荒人。

关键词： 工匠精神；团学工作改革；改革创新

工匠精神随着中国的历史长河而源远流长，近年来，党和政府不断释放出重塑工匠精神的信号，2016—2021 年政府报告中连续六年提出培育工

---

① 何强，工商管理学院团委副书记、心理健康教育工作站站长；黄泉淋，工商管理学院 2019 级本科生。

匠精神，党的十九大报告和"十四五"规划中特别强调以工匠精神驱动改革创新。共青团作为培养创新人才的后备军，自 2016 年开始，团中央陆续印发了《高校共青团改革实施方案》《深化学校共青团改革的若干措施》《共青团中央 2021 年工作要点》等文件，不断强调"坚定不移深化学校共青团改革"。工匠精神以其"精益求精""爱岗敬业""人文关怀""开拓创新"的传统内涵，"对个性的追求""对人文的追求""对创新的追求"等现代品质，能够较好地成为推动团学改革、进步的活力源泉和精神动力。如何以工匠精神推进团学工作改革，对于高校团学工作改革而言，是一项值得思考的话题。

一、工匠精神的历史渊源与时代意蕴

工匠精神诞生于手工匠人群体，在几千年的历史长河中，始终延续着其历史命脉，也是中华灿烂文化的历史基因。随着时代的更迭和发展，其历史渊源也不断具备时代气质，衍生出更多的时代意蕴，推动着现代社会的改革和创新。

（一）工匠精神的历史命脉

自古以来，中华先祖们就通过利用先天材料制作手工艺品满足日常的需求，公输班被称为木工鼻祖、蔡伦改进造纸术、张衡制作地动仪……工匠们在长期的劳作中不断总结、凝练，中华民族的基因里始终蕴含着的工匠精神。工匠精神随着民族手工业的发展历久弥新，在千年的风雨中不断发展，在不同的时代展现不同的特色，并融会贯通，流传至今。追溯其历史源流，工匠精神始终以"精益求精""爱岗敬业""人文关怀""开拓创新"等精神内涵推动着历史的发展，形成中华民族宝贵的精神财富。

精益求精是工匠精神的本质内涵。自古以来，我国就将在手工业中辛勤劳作，并极富创造力与专业能力的工人称为能工巧匠。能工巧匠们在制作作品时投入大量的时间与精力，始终不断打磨个人技艺，不断超越自我。

《诗经·卫风·洪奥》中用"如切如磋，如琢如磨"赞美工匠艺人们对自然原材料进行切磋、打磨时认真仔细、精益求精的状态。① 精益求精的精神不仅是手工艺人们的追求，也是工匠精神的具体体现。

爱岗敬业是工匠精神的职业追求。工匠作为一种职业群体，古代的能工巧匠强调为人处世须"择一事，终一生"，其对职业、对事业和对人生的负责态度，是对职业和人生坚守与热爱和实干兴邦的重要体现。

人文关怀是工匠精神的核心品质。工匠们造物是为了人类的生存，其技艺也因人的需求不断精进、完善。纵观古今的手工业发展历程，手工艺品涵盖人们衣食住行的方方面面，古代工匠们坚持以人为本的态度，不断创造出丰富、精致的工艺品。"以人为本"的人文关怀理念体现了工匠精神的目标性和现实性，是人们生存的需要，更是品质生活的需要。

开拓创新是工匠精神的生命基因。早在先秦时期，《周易》中有言，"穷则变，变则通，通则久"，万事万物都需要不断寻求变化才能获得长久发展，只有不停创新制作工艺和产品，手工艺品才能被越来越多的人所喜爱。因此，开拓创新的精神也是工匠精神延续千年不断的生命基因。

工匠精神传承千年，在中华民族源远流长的历史中发挥其作用，它活跃在包括手工业、制造业在内的各行各业，成为民族精神的重要组成部分。历史沉淀中凝练形成的"精益求精""爱岗敬业""以人为本""开拓创新"的精神品质，也使得工匠精神在千年的文化传承中不断丰富。

（二）工匠精神的时代内涵

伴随社会的逐步转型，人们对生活品质和社会品质的追求越来越高，新的时代也催生出新的需求。在以智能制造为核心的第四次科技革命时代，更加追求对人的个性需求的满足和对社会改革创新的实现。因此，工匠精神随着时代的发展变化不断充实，焕发出全新的活力与色彩，更加表现为"对个性的追求""对人文的追求""对创新的追求"等时代内涵。

---

① 李静. 论"互联网＋"时代编辑活动中的工匠精神［J］. 出版科学，2017，25（02）：52-55.

工匠精神不再表现为千篇一律地满足和重复，而更加强调"对个性的追求"。新时代的社会需求层出不穷，李克强总理在 2016 年首次重提工匠精神时就指出要"鼓励开展个性化定制、柔性化生产，培育精益求精的工匠精神"，现代的改革创新更需要对个体进行关注，实现个性化的需求。而这种个性化的追求更是一种对人文的追求，是一种对人的主体性的关注。人的主体性是马克思主义理论中的基本关注点，在劳动中更应该关注人的主体地位，不仅要关注社会改革中的各个进程，更应关注推动社会改革的人，以实现人文关怀。现代社会重提工匠精神更为重要的原因在于强调其创新的动力，"十四五"规划和 2035 远景目标中特别提到要以工匠精神推动改革创新，这种对创新的追求更应该转变成为现代工匠精神的重要核心。

在 2020 年 11 月 24 日的全国劳动模范和先进工作者表彰大会上，习近平总书记强调，进入"十四五"时期后，我们需要"大力弘扬工匠精神"，要形成"执着专注、精益求精、一丝不苟、追求卓越的工匠精神"[1]。习近平总书记的讲话体现了新时代的工匠精神对个性、对人文、对创新的精神追求，继承了工匠精神的历史特点，也赋予工匠精神新的时代内涵与历史使命。

二、团学工作改革驱动的时代呼唤

党的十八大以来，党中央多次强调青年的未来与关怀，习近平总书记也多次强调团学工作改革的重要性。党的十九大以来，"中国特色社会主义进入新时代"，党中央对高校共青团也提出了更高的要求，推动团学工作改革不断深入，是团学干部们面临的主要问题，也是新时代国家与社会群体的共同呼唤。

---

① 习近平. 在全国劳动模范和先进工作者表彰大会上的讲话［J］. 求知，2020（12）：4-7.

（一）宏观环境为团学工作改革进行了顶层设计

"十四五"时期是我国迈向基本实现社会主义现代化的关键时期，是应对社会主要矛盾改革的关键时期，以改革促进社会发展是"十四五"时期的重要工作内容，高校团学工作也应顺应时代呼唤，以改革促发展、增动力、激活力，不断推动新时代团学工作的进一步强化。

2016年11月，为了切实完成高校共青团的建设与改革，推进高校共青团的创新与发展，共青团中央和教育部联合印发了《高校共青团改革实施方案》，要求高校共青团要在把准政治方向的前提下，统筹推动上下联动，并为高校团学工作改革提供思路与要求。

该方案从多个方面对高校团学工作改革提出了要求。要求高校团学工作在开展改革过程中做到优化团学工作开展过程中的领导体制和运行机制、健全团学组织构成上的基层组织制度、创新团学工作开展的工作方式方法、完善团干部的选用和培养制度、强化团学工作开展的保障支持。

根据《深化学校共青团改革的若干措施》，团学工作应该坚定不移地深化改革创新，建设现代化青年组织。文件要求高校团学工作改进政治教育机制、健全实践教育机制、改进组织运行机制、创新组织动员方式，实现高校团学工作在始终服从党中央领导的前提条件下，从思想上、实践上、组织上、意愿上实现改革创新，利用现代化团校培训活动、志愿活动、第二课堂等工作加强对青年共青团的全方位培养，推动青年共青团员和高校团学工作的全面发展。这为团学工作改革打造了良好的宏观环境。

（二）微观个体为团学工作改革提供了需求导向

新时代的团学工作中，都以高校师生为工作主体，即以微观个体——人作为团学工作的主体。判断团学工作是否能够满足时代发展的主题、是否为社会进步带来积极影响的一个重要因素是该项工作是否适应微观个体的需要。因此，微观个体的需求是影响团学工作改革发展的内在因素之一，为团学工作提供了需求导向。马克思主义认为，人们"一旦满足了某一范围的需要，又会游离出、创造出新的需要"，不断变化的微观个体的需要也为团学工作的改革与发展创造出源源不断的新导向，推动团学工作不断丰富、变化。根据马斯洛需求层次理论，人们的需求分为生理需求、安全需求、爱与归属需求、尊重需求、自我实现需求五个层次，五个层次层层递进，体现微观个体的需求也不断推进发展。

目前高校的团学工作面对的是一批00后的青年学生，这批00后大学生具有明显的个性化、主体化、网络化的特征，他们也有许多别样的需求和兴趣。因此，在我们的团学工作改革中，要始终围绕一群00后的青年朋友，把准需求，摸准血脉，才能精准定位学生的主体地位。《高校共青团改革实施方案》中提出，要尊重学生的主体地位，因此，新时代的共青团成员作为团学工作开展的主力，在团学工作改革中发挥着重要作用。青年共青团员在高校团学工作改革的过程中，对于专业知识把握、个人能力锻炼、个人综合素质提高等方面的需求也对驱动团学工作改革具有导向作用。

三、工匠精神融入团学工作改革的价值维度

工匠精神所具有的"精益求精""爱岗敬业""人文关怀""开拓创新"等传统内涵，"对个性的追求""对人文的追求""对创新的追求"等现代品质，良好地契合了团学工作改革的宏观环境要求和微观个体需求，将其价值理念和精神内核融入团学工作改革中具有重要的价值。

（一）实现顶层设计与需求导向的统一

团学工作的开展既离不开客观环境顶层设计的外在因素，也需要适应微观个体需求这一内在因素，因此，团学工作的改革需要融合宏观环境的顶层设计和微观个体的需求。工匠精神在团学工作改革过程中的应用则能够实现顶层设计和个体需求的有机融合。

工匠精神融入高校团学工作改革的过程中，"精益求精""爱岗敬业""人文关怀""开拓创新"的精神不断融入志愿活动、实践活动、第二课堂等工作内容，能够深层次浸润参与团学工作的师生，强化责任意识，

提升团学工作师生的领导力和工作能力，完成团学工作开展过程中的领导体制和运行机制优化，促进团学组织构成上的基层组织制度健全完善，使团学工作开展的工作方式方法创新，实现团学工作进一步改革优化。[①] 融入工匠精神，能够使团学工作在变革中实现个性与共性的统一，一方面可以满足宏观环境对团学工作的指导与要求，促进团学工作改革在共性上适应国家与社会的发展；另一方面也因为"以人为本""开拓创新"等精神的融入不断实现团学工作适应微观个体的需求，促进个性化团学工作的构建，也能促进智慧化团学工作的开展。

工匠精神融入团学工作中，推动高校团学工作不断满足宏观环境的顶层设计，推动高校团学工作改革更加标准化、全面化、制度化、科学化，对人才的培养更全面、更科学；此外，工匠精神的融入能够满足参与团学工作的微观个体的个体需求，并推动团学工作朝着微观个体的更高需求的方向不断改革、进步。因此，工匠精神的融入既满足顶层设计的要求，又符合微观个体的需求，实现团学工作中顶层设计与微观个体需求的有机统一。

（二）实现工具理性与价值理性的统一

"启蒙运动"在17世纪发起于西方，尔后"理性主义"逐渐发展为时代主流。"理性主义"崇尚的是科学与发展，要求人们在掌握事物发展规律的基础上，创造与发展出新的事物，这被称为现代科学的原则基础。马克斯·韦伯在"理性主义"的基础上进行了科学批判，将理性二分为工具理性和价值理性。所谓"工具理性"，指人在发展之中，更多地关注于可以实现最终目的的方式与手段，过分关注个人的目的和利益，而极少地关注其目的本身存在的合理性。这样的理性主义以"工具—目的"的形式呈现，具有如此理念的人为了目的甚至不惜采取不利于社会发展的手段，造成多种形式的冲突或浪费[②]。马尔库塞认为，"工具理性"使人在物质

---

① 杨双. 教学、团学一体化人才培养创新模式探究［J］. 学校党建与思想教育，2012（34）：57-58.

② 陈学明. 法兰克福学派的批判理论在当代中国的意义［J］. 江海学刊，2000（05）：80-86.

领域变成了纯粹的经济动物①。而苏格拉底与柏拉图所强调的"价值理性"则是基于人们对现行价值观的理性追求，考虑个人利益的同时，也不忽略社会总体利益，通过对利益总体的价值判断去抉择行动，不只强调个人利益的发展，因此，从某种程度上，价值理性是对工具理性的修正和完善。

对于在团学工作中融入工匠精神而言，工具理性是基础。对于工匠精神而言，工匠本身就是一种工具理性的价值取向，而通过工匠利用的现代科学技术更是一种工具理性的运用。宏观环境要求高校团学工作改进政治教育机制、健全实践教育机制、改进组织运行机制、创新组织动员方式。针对这样的宏观导向，团学组织在团学工作中融入工匠精神，通过采取现代化科技和现代化平台开展高校特色团学品牌活动、开展相关教育工作、采取对应文化宣传策略等措施，能够进一步提高高校团学工作开展效率，保障活动效果高质量实现，实现团学工作中的工具理性。

然而团学组织过分依赖工具理性，也会导致团学工作因为过于追求活动效果，采取应付式、形式主义的工作态度，忽视了团学工作需要传递的政治、理论、实践等教育内容的具体内涵，违背了团学工作的初衷。在这样的背景下，工匠精神中体现的价值理性更应成为团学工作改革的价值准则。工匠精神中"对个性的追求""对人文的追求"的现代精神体现了团学工作中更应坚持的价值理性追求，"爱岗敬业"的精神内涵要求团学组织在团学工作中自觉自愿爱岗敬业，不因过分追求完成工作而走形式、走过场。"以人为本"的精神内涵要求团学工作者在团学工作中走近人、关注人、深入人，不断根据人们的需求与发展开展符合社会价值取向与人们需求的精神文明建设活动。

工匠精神融入团学工作，既能够发挥工具理性的优越性，丰富团学工作的内涵、促进团学工作高质量开展，又能通过价值理性规避工具理性中存在的问题，维护社会效益，实现工具理性与价值理性的统一，推动团学工作不断随着时代需求改革、发展。

① 张永清. 技术理性时代的浪漫诗情——马尔库塞关于科学技术、美学与人的关系简论［J］. 江淮论坛，2001（01）：106-111.

（三）实现改革目标与教育效果的统一

长期以来，党中央对团学工作改革与青年的发展高度重视，始终密切关注高校团学工作的改革。2016 年 11 月，共青团中央与教育部联合印发《高校共青团改革实施方案》，该方案明确指出，高校团学工作应紧紧围绕保持和增强政治性、先进性、群众性的基本要求，注重创新基础制度和提升组织活力，建设更加充满活力、更加坚强有力的高校共青团，巩固其在全团的基础性、战略性、源头性地位，提升其作用，引领青年学生取得卓越成效，持续扩大工作的有效覆盖面，不断增强组织的吸引力、凝聚力，着力提高服务于高等教育发展和学生成长成才的能力水平，使听党话、跟党走的信念在青年学生心中生根。

工匠精神融入团学工作中，团学组织秉持"精益求精"的态度开展团学工作，持续致力于打磨优质的团学工作制度、青年思想政治教育引导方式与创新性优质组织方式，推动团学工作实现"制度创新""活力提升""吸引力、凝聚力增强""服务能力提高"的目标，引导青少年更加积极主动地参与团学工作，同步实现对青年共青团员思想领域的引导；团学组织在工作开展过程中培育"爱岗敬业"的情怀，能够促进团学工作者、团学干部积极配合团组织工作，密切联系普通团员高效完成对应任务，推动实现"坚强有力高校共青团建设""坚定广大学生信念"的团学改革目标。与此同时，也能够强化青年共青团员的责任意识，推动青年团员在参与团学工作建设中不断坚定信念、砥砺前行，实现教育效果的进一步提升；团学组织发挥"人文关怀"理念开展工作，从参与团学工作的师生的需求端入手，利用他们感兴趣的方式开展工作，并及时寻求反馈改进工作，有效实现"扩大工作有效面""提升服务质量""提升组织凝聚力、吸引力"的主要目标，也能使青年团员在参与团学工作过程中始终坚定信念，热爱组织，并潜移默化地感受到以人为本的团学工作的魅力，推动其在之后的学习、工作中自愿自觉地效仿、传播，实现教育效果的不断扩大[①]；团学组

① 代浩云 . 高校教学工作与团学工作一体化探析［J］. 中国成人教育，2010（14）：49–50.

织在工作中融入"开拓创新"的精神，积极探索新的工作方式，利用新媒体、新科技宣传团学工作，并通过创新团学制度、创新管理模式等方法进行调整，促进"制度创新""扩大工作有效面""提高管理效能"等目标的实现，也能推动青年共青团员通过新科技、新方式参与团学工作，能够扩大团学工作思想、理论、内涵的传播与推广，实现教育效果与改革目标的进一步融合。

工匠精神作为强有力的精神力量，能够指导团学工作者们优化工作路径，从而能够推进团学工作改革的不断进步，推动团学工作改革目标早日实现。与此同时，工匠精神凭借其本身的精神魅力，能够最大限度地丰富团学工作的教育内容，提高团学工作教育的成效。工匠精神的运用使得团学工作改革过程中，既考虑到改革目标，又兼顾到良好的教育效果，实现两者的有机结合与良性进步，能够推进团学工作改革进一步高质量发展。

四、工匠精神融入团学工作改革驱动的实现路径

工匠精神具有丰富的内涵，是强有力的精神力量，能够促进团学工作改革中多种价值的融合。工匠精神融入高校团学工作改革并非一纸空谈，可以从工匠精神"精益求精""爱岗敬业""人文关怀""开拓创新"四个精神维度，融合"对个性的追求""对人文的追求""对创新的追求"三个时代意蕴，探求团学工作改革驱动的实现路径。

（一）以精益求精的态度做一名青年工作的守门人

精益求精的态度从古至今便是工匠精神们的重要工作准则，即在工作的过程中不断切磋，不断琢磨，在自己原有的工作基础上不断提升、进步。习近平总书记提出"要在全社会弘扬精益求精的工匠精神"，作为团学工作者，更要在团学工作中坚持精益求精的态度，在每一个活动、每一个细节、每一个品牌上下苦功夫，做到好上加好，完美之上更加完美。

精益求精的团学工作是青年学生工作的前提，青年学生参与流程明晰、

设置合理、内涵丰富的团学活动能够丰富个人的精神世界、增强个人精神上的力量、促进个人在全方面领域获得进一步发展。用精益求精的态度做好团学工作的守门人，团学组织可以通过精细活动流程、优化活动安排、落实具体任务、融合活动与精神内涵，深挖活动特色与品牌，实现青年团学工作开展过程中有效落地，保障青年工作顺利实施，在青年工作中精雕细琢、精益求精。

（二）以爱岗敬业的情怀做一名青年工作的践行者

践行爱岗敬业的情怀，不仅要遵守个人职业上的准则，做好本职工作，更要发自内心地热爱个人岗位、深挖工作内涵，用热爱推动工作的进一步发展。团学工作是青年人的工作，"永远年轻，永远热泪盈眶"，要保持那一份热爱做好这一份事业。

以爱岗敬业的情怀做一名青年工作的践行者，需要团学组织工作者身体力行地在每一件工作中、每一个行为上践行爱岗敬业的情怀，勤奋工作，努力上进，以敬业奉献为荣，真正做到热爱个人的工作岗位，在团学工作中敬业努力，投入必要的时间与精力，细致发掘反思并总结现行团学工作中出现的问题与收获，始终以严谨科学的态度积极寻找恰切的方式方法攻克团学工作中的"硬骨头"，团结实干，拼搏进取，推动青年团学工作朝着优化、进步的方向不断前进。

作为一名团学组织的工作者，坚守岗位，坚守主责，是做好青年工作的前提，只有保持"永远年轻，永远热泪盈眶"的爱岗敬业情怀，将职业当成事业，将自己当作青年工作的践行者，在服务团学组织的每一步实践中满怀热爱，才能真正地驱动团学工作改革。

（三）以人文关怀的理念做一名青年工作的同行者

工匠精神中所提倡的"人文关怀"理念，强调在团学工作的开展过程中应始终以人为本，尊重、满足人的需求，要以青年人的需求为导向，与青年站在一起，与青年想在一块①。

以人文关怀的理念做一名青年工作的同行者，需要团学组织的工作者关怀青年工作中的微观个体，了解团学工作者、团学干部、教师、青年学子的需求，通过优化奖励措施、优化方案、精准施策、提高效能等方式方法满足他们的需要②，并通过人文价值理念引导实现个体的进步与发展，推进青年团学工作中每一个微观个体的全方位发展，激发其参与团学工作的自发性和积极性，从而推进青年学生工作的良性发展。

青年团学工作的核心在于青年，走近青年、引领青年、赢得青年，是青年团学工作中最大的问题和最高的目标，因此，团学工作者要注重以青年为本，要用人文关怀的理念成为青年人的同行者，去拂动每一片树叶，影响每一个青年。

（四）以开拓创新的精神做一名青年工作的拓荒人

不断开拓创新、发明创造令人满意的新产品是工匠的本职，开拓创新的精神是新时代工匠精神的精神内涵，要求人们在前人的基础上不断推陈出新，创造出更具有活力和生命力的内容。

习近平总书记强调："只有坚持从历史走向未来，从延续民族文化的血脉中开拓前进，我们才能做好今天的事业。"作为团学工作者，要以开拓创新的精神做一名青年工作的拓荒人，在工作岗位上应该始终坚守开拓创新的精神，在团学工作的创新性与特色上下功夫，不断突破原有思维，在原有团学工作的基础上实现新的进步与发展。与此同时，团学组织应该紧跟时代发展的步伐，利用新兴的科学技术与网络媒体平台，开拓新的工作模式和工作方法，不断提高青年团学工作的效率，不断增强团学工作的吸引力与凝聚力，推动青年团学工作良性健康发展。

工匠精神不仅要有创造性的智慧，更要有不断开拓的勇气，要在工作的过程中不断破釜沉舟。因此，在这样一个创新驱动的时代，青年工作需

① 邱伟光. 课程思政的价值意蕴与生成路径［J］. 思想理论教育，2017（07）：10-14.

② 雷儒金. 高校思想政治理论课教学方法改革研究［D］. 武汉大学，2012.

要开拓创新的精神，精准施策、创新施策，用新的智慧、新的方案开拓全新的团学工作领域，不断满足青年新的需求、新的兴趣，推动青年团学工作的全面进步与发展。

五、结语

荀子在《劝学》中说："不登高山，不知天之高也；不临深溪，不知地之厚也。"以工匠精神推进团学工作改革需要团学工作者始终坚持"精益求精""爱岗敬业""人文关怀""开拓创新"的工匠精神，在实践中不断探索、尝试，在发现问题的基础上解决问题。本文探讨了工匠精神融入团学工作的实际意义与实现路径，从多个角度探讨了工匠精神融入团学工作改革的价值，以其在团学工作改革中实现团学工作顶层设计与需求导向、工具理性与价值理性、改革目标与教育效果的统一，不断推进团学改革的进一步发展。

参考文献

［1］杨双. 教学、团学一体化人才培养创新模式探究［J］. 学校党建与思想教育，2012（34）.

［2］于华，韩岩杉. 新时代"工匠精神"融入高校思政课的路径探析［J］. 教育教学论坛，2021（03）.

［3］陈学明. 法兰克福学派的批判理论在当代中国的意义［J］. 江海学刊，2000（05）.

［4］张永清. 技术理性时代的浪漫诗情——马尔库塞关于科学技术、美学与人的关系简论［J］. 江淮论坛，2001（01）.

［5］代浩云. 高校教学工作与团学工作一体化探析［J］. 中国成人教育，2010（14）.

［6］邱伟光. 课程思政的价值意蕴与生成路径［J］. 思想理论教育，2017（07）.

［7］陈娟. 高职院校思政课培育工匠精神：维度与路径［J］. 职业技术教育，2019，40（20）.

［8］用劳模精神、劳动精神、工匠精神凝聚新征程奋斗力量［J］. 红旗文稿，2021（01）.

［9］朱鸿源. 浅析高校培育工匠精神的四个维度［J］. 改革与开放，2020（21）.

［10］李宏伟，别应龙. 工匠精神的历史传承与当代培育［J］. 自然辩证法研究，2015，31（08）.

［11］中国的工匠精神及其历史演变［J］. 思想教育研究，2016（10）.

［12］邱国勇. 社会主义核心价值观教育研究［D］. 武汉大学，2013.

［13］王丽媛. 高职教育中培养学生工匠精神的必要性与可行性研究［J］. 职教论坛，2014（22）.

［14］傅振邦. 纵深推进团学改革，着力培养时代新人——2018年学校共青团工作报告［J］. 高校共青团研究，2018（01）.

［15］陈升远，赵宇. "工匠精神"视域下高校创新人才培育与思政教育融合路径研究［J］. 经济研究导刊，2019（16）.

［16］何强. 智能制造时代工匠精神影像传播的价值研究［D］. 中南财经政法大学，2019.

党建带团建背景下加强共青团建设研究

——基于中南财经政法大学文澜学院工作实例

刘千惠[1]　张启迪　王欣悦

（中南财经政法大学文澜学院）

摘　要： 党建带团建是新时代新形势下推动共青团建设的重要渠道，是促进党团协同联动发展的有效途径。在党建带团建的背景下，高校共青团要建立一整套行之有效的实践机制和工作体系以实现高校立德为本的根本任务，在建设发展中要不断创新工作方式和方法，推行特色活动，围绕"实践育人""志愿育人"和"文化育人"筹划、组织、开展工作，打造"带队伍""传思想""多元化"的"一带一传多元"的新型党建带团建教育模式，保持党团组织在工作上的联动效应，实现新时代高校党建引领团建、以团建促党建的协调发展。

关键词： 党建带团建；共青团建设；党团协调发展；长效机制

一、高校党建带团建的发展背景

中国共产主义青年团是中国共产党领导的先进青年的群团组织，自

---

[1] 刘千惠，中南财经政法大学文澜学院团委书记。

1922 年成立以来一直服务于党的建设，为党组织输送优秀的青年人才，充分发挥着党联系青年的桥梁和纽带作用。1923 年 8 月，中国共产党首次在"二大"的决议中对党与青年团的领导关系做了明确阐述，成为未来党团关系发展的基石。2000 年，全国基层"党建带团建"工作会议在北京召开，指出要进一步推行"党建带团建"工作，使得各类基层团组织能依随党组织的建设而得到更深层次的发展，标志基层党建带团建工作进入崭新篇章。党团共建共进的历史由来已久，并成为历年国家的一项重点工作推行。近年来，国家对党建带团建工作也提出了新的要求。党的十八大报告明确表示要增大党组织工作的覆盖面，有效利用基层党组织的发展推动其他各类团组织的建设。党的十九大针对群团组织提出党组织要促进各类群团组织建设如共青团等，增强基层群团组织的政治觉悟。党建带团建是中国共产党在长期摸索与实践中总结出的一条成功经验，是党团共建，互促互进的有效路径和基本原则。

习近平总书记指出，"中华民族伟大复兴的中国梦终将在一代代青年的接力奋斗中变为现实"。高校是培育学生成为国家生力军和后备军的主阵地，在思想政治教育和优秀人才培养方面肩负重大使命。但随着互联网的快速发展，良莠不齐的文化输入、网络语言和"毒""丧"的狗血鸡汤风气弥漫在社交媒介语境中，冲击青年一代的理想信念与道德信仰，高校逐渐成为社会各类信息的聚集地，对高校加强思想政治教育工作提出了新的挑战和要求，开展党建带团建工作、加强共青团建设、思想建设的意义显著。2004 年，国务院颁布了《关于进一步加强和改进大学生思想政治教育的意见》和《关于进一步加强和改进未成年人思想道德建设的若干意见》，在大学生思想政治教育方面，党和国家始终保持高度重视，并在后者中提出共青团要发挥作用，增强大学生思想教育工作力度和实效。在 2017 年，中共中央颁布了《关于加强和改进新形势下高校思想政治工作的意见》，进一步表示"要强化高等院校的党建工作，推进学校内部党建带团建活动的有效开展，积极发挥共青团组织的力量，组织好学生，引导好学生"。基于党章要求和《共青团中央改革方案》等政策的指导，高校党团组织协力合作，这也是促进新时代青年人才培养的客观需求。在当下共青团改革的工作中，各大高校也始终坚持党团共建的原则，积极落实党团建设工作，应对新时代的新要求和新挑战。

二、党建带团建背景下加强共青团建设的理论研究

以中国期刊全文数据库（CNKI）为平台，以"高校"和"党建带团建"为主题词进行检索，逾350篇学术成果被记录在册，研究成果丰厚，彰显了我国学者对于高校党团建设长期的理论和实践探索，为完善高校党建带团建工作的开展提供可靠的理论基础。党建带团建工作是高校党组织提升基层党建水平和深化共青团改革的重要路径，完善党团队伍建设是开展党建带团建工作的基础，对于实现党团紧密联系、开展高校理想信念教育工作以及优秀青年选拔具有重要意义。李易玲、吴爱邦（2009）指出要在组织、队伍、作风、阵地建设等方面构筑党建带团建工作模式，使得党团组织在引领青年成长成才过程中发挥重要作用。孙琪、胡刚（2019）指出加强高校开展党建带团建具有重要意义，要使党组织和团组织在思想、行为、组织上形成联动，实现新时代党团协调发展。但是不少学者从实地调查中发现目前各大高校的党建带团建工作机制仍存在显著问题。例如，静欣、高凯（2020）针对大连市10所高校党团工作者进行问卷调查，发现高校共青团工作者对党建带团建的具体内涵和发展仍然存在认识不到位的问题，且不少高校缺乏完善的党建带团建工作的长效机制。完善党团队伍建设，建立规范的党团工作制度，健全推优入党机制是确保党建带团建长期发展的重要屏障。

在350多篇研究成果中，大部分文献主要侧重"思想政治教育"相关问题的研究，这也与我国颁布的相关政策文件和时代背景紧密契合。在党建带团建及一系列政策背景下，学者们渐渐将重点集中于高校共青团的思想政治教育上，增强高校共青团思想引领成为主要研究方向。李华龙等人（2021）提出高等教育要始终贯彻落实立德为本的根本任务，而高校共青团是推动立德树人工作开展的中坚力量，要在坚持立德为本的目标下积极

探索提升青年思想水平的途径。但是各大高校共青团开展思想教育工作时也存在局限。沈健平（2014）表示高校共青团组织在大学生思想教育培养中发挥显著作用，但举办的一些活动仍然存在过度重视形式而轻视内容、重视短期效应而忽视长期效果，忽视学生参加的自主性与积极性等问题。梁宏亮、王元力（2020）在上海市8所"双一流"开展随机调查问卷，发现新时代大学生思想方面需要多元化的培育，而目前高校的思政教育体系及人格建设大局并不成熟，高校团组织加强思想教育、完善思想引领机制仍是未来共青团建设重中之重。

综上所述，在党建带团建背景下，目前加强共青团建设的基础是完善党团队伍建设，在夯实基础之上，引领好青年的思想建设和成长发展。下文将以中南财经政法大学文澜学院为对象，分析党建带团建背景下高校为加强共青团建设所进行的实践探索，总结高校共青团建设在改革中所呈现的主要特点。

三、中南财经政法大学文澜学院党建带团建工作现状

（一）完善党团队伍建设，筑稳学生思政格局

高校党建带团建工作要紧跟时代潮流，加强创新意识，进一步拓宽新思路，中南财经政法大学文澜学院全方面构建"带队伍""传思想""多元化"的"一带一传多元"的新党建带团建工作机制，在习近平新时代中国特色社会主义思想的指导下，建立健全党建带团建下加强共青团建设长效发展机制。

"带队伍"即建立健全合理、规范的工作制度以建设好党团队伍。文澜学院非常注重党员发展对象的选拔，并建立了一套分级管理制度。从优秀青年教师中选任党支部书记，在学生党支部中建立教师、学生"双支部书记"对学生党支部进行管理，再由学生党支部带动学生团支部建设，在校院两级"青年马克思主义者培养工程"培训班中选拔优秀学员发展入党，将培养优秀团员与"推优入党"紧密融合，提高团学培训强度，

培养一批倡团结、爱创新、喜奉献的青年团队。推优入党是共青团的重要工作之一，学院党委结合学生思想、学习、生活等多方面拟定一系列推优要求和培训方案，学生在经过基层团支部考察后择优上报至上级组织，学院党员中 50% 以上是校、院、班级学生干部，为增强团学组织的政治性、先进性、战斗性贡献了突出力量。在推优结果公示期间，号召广大学生对团组织"推优"入党工作进行检查和监督，充分吸取采纳党员、团员和群众的意见，认真接受广大师生的监督和党组织的反馈。对于入党积极分子，做好事前指导、事中监督和事后考核，严禁考核不严、流于形式的选拔机制出现。党支部始终把团的建设和团员、党员发展工作纳入党建、团建工作体系和日常管理体系中，真正发挥党支部在基层团组织建设发展中的重要作用。

"传思想"即坚持党团组织成员间定期的思想政治建设和心得体会交流。文澜学院学生党支部、团支部依托样板支部项目培育，坚持以微党课作为党建工作的创新载体，不断探索形式更加灵活、内容更加丰富的微党课改革方向，切实提升党员党性修养成效和团员的爱国热情。支部通过视频、演讲、案例分析等多种形式，邀请优秀党员青年教师定期开展系列"微党课"与主题党日活动，将党的理论体系和思想内容融入党支部、团支部成员学习和日常生活中。学院始终坚持高水平、多平台、分层次的原则，邀请武汉大学经济和管理学院邹薇教授为全体学生讲授"化危为机：当前国内外形势与对策"的"文澜大讲堂·新时代研究生思政金课"，反响热烈。在新冠肺炎疫情期间，学院学生党支部、团支部始终坚持通过视频会议和屏幕共享的方式进行交流，共举办 4 次"云上微党课"、10 余次主题团日活动和课程学习，结合"抗击疫情""全国两会"等实时热点议题，畅谈党支部、团支部成员居家在线学习、参与社会抗疫志愿活动的心得感悟，并邀请一批优秀党员代表分享疫情期间的学习生活，以身边"看得见、摸得着"的事迹讲好一堂堂深入人心的课程，提高支部思想教育的参与性和启发性。

"多元化"即创新思想政治引领形式，通过多元化的活动提高广大学生参与党团活动的兴趣。以"青马工程"为着力点，推选院内表现优异的团员或党员参与校级"青马班"或团学骨干的培训，加强团向党的反馈机制和党对团的指导机制，提高育人实效。以文澜学院为试点，10名校领导共上一堂"习近平新时代中国特色社会主义思想专题"思政课，近百名党员、团员同学共同参与，并积极分享自己的所学、所感。举办"国旗故事会"等专题教育活动，遴选优秀党员或团学干部进行"国旗下的讲话"，让"好榜样""好事迹"在学生之间广为流传。学院党团组织也借助新媒体平台，开展线上党史团史知识答题等，巩固加深支部成员对党史团史知识的学习成果。此外，组织全体党员同志和团员学生代表参观"人民至上，生命至上"抗击新冠肺炎疫情专题展览，通过了解一个个抗疫过程中的真实故事，深入领悟"生命至上、举国同心、舍生忘死、尊重科学、命运与共"的伟大抗疫精神，鼓励全体成员把伟大的抗疫精神化为奋进的力量，勇于担当、敢于付出，为国家和社会的发展添砖加瓦。

（二）探索"五育并举"新模式，共建时代新人才

习近平总书记在全国教育大会上提出要致力于建立德智体美劳全面培育的教育模式，构建高层次的人才培育计划，"五育"全面发展不仅是对个人成长的基本要求，也是教育的更高级目标。探索"五育并举"的教育模式是高等教育前行的方向，也是高校共青团开展思想教育工作的重要内容。文澜学院以打造学习型党、团支部为目标，将"第二课堂"学分纳入学生考评体系，推进教育实践改革，并对照教育部《高校思想政治工作质量提升工程实施纲要》要求，围绕"五育并举"，持续推行"实践育人""志愿育人"和"文化育人"。

"实践育人"即坚持理论教育与实践相融合，引领党团成员从实践中积累经验，锻炼能力，树立家国意识。我院将实践教学、社会实践活动、创新创业比赛等多元化形式相互融合，形成多层次、多方位"实践育人"工作格局。在部分思想政治课程中，授课教师依托武汉市深厚的革命文化底蕴，号召学生自由组队参观革命纪念馆，通过一张张照片、一件件展品

让学生体味战争时代无数党员前仆后继的勇敢无畏，激发学生的爱国情怀。在社会实践活动方面，学院鼓励学生结合专业知识参与寒暑假社会实践活动，切入具体话题进行研究，对优秀项目给予资金支持，结项后对优秀个人和优秀队伍提供额外奖励，加深学生对所学专业的理解，从实践中明确适合未来的发展方向，起到向职场过渡的作用，从而增强学生的就业优势。学院组建洪湖实践队，利用经管专业知识助力洪湖经济发展，该项目入选共青团中央"千校千项"成果遴选宣传活动，最终获得"百佳模拟 E 提案"奖项以及湖北省优秀社会实践项目。在创新创业教育方面，学院每年组织学生参加"明理杯""挑战杯""博文杯""大学生创新创业大赛"等活动，提供优质导师指导、推选优秀项目至学校。学院努力搭建校园学习与社会实践间的桥梁，让青年学生从实践中了解基层建设、社会民情、国家建设，实现个人均衡发展。

"志愿育人"即通过志愿服务活动，使学生在不同的岗位上发挥自身的作用和优势，传递爱与文明和实现自我价值。学院党支部带领党员同志及团支部成员贯彻学习中共中央关于脱贫攻坚部署的有关会议和文件内容，积极贯彻落实学校开展爱心消费扶贫工作的倡导，利用"以购代捐""以购代帮"的形式，通过"e 帮扶"平台购买农户水果，并通过微信朋友圈等社交媒体软件发布农产品相关介绍，主动宣传爱心消费扶贫观念，尽力帮扶农户摆脱困局，号召社会各方力量利用消费扶贫的形式助力打赢脱贫攻坚战。在第七届世界军人运动会期间，学院多名学生自愿参与交通引导、后勤保障等多项服务工作，以得体的形象、昂扬的姿态、体贴的服务，向世界各国彰显中国青年的理想信仰、爱心善意与责任担当。疫情期间，部分支部成员主动向当地政府递交了请愿申请书，志愿报名参加当地的防疫控疫工作，参与出入口站岗、人员巡查、发放物资、宣传疫情防控知识等工作，有些支部成员利用线上平台无偿为医护人员子女辅导功课，以实际行动投身疫情防控阻击战，为广大学生树立良好的党员、团员先锋榜样。

"文化育人"即通过校园文明建设和优秀文化熏陶提升学生素质修养。

在院内选拔学生参与校园舞蹈大赛和校园民歌大赛，利用有益于身心的文艺精品活动扩大影响力和辐射力，营造"向真、向善、向美、向上"的校园文化，引导青年追求真善美，达到美育效果。迎新晚会、毕业晚会等活动是学院思想文化和精神文明建设的一个重要的展示和宣传窗口，能为青年团员提供更多展示的平台，提高学生团体对文化艺术的鉴赏品位。由党支部和团支部联合举办的师生趣味运动会，鼓励各级学生和老师自由组队，充分调动了广大党员和青年团员的参与热情，以"运动、健康、成长、快乐"为宗旨，改"竞技"为"欢乐"，变"精英呈现"为"群体参与"，通过体育锻炼释放压力、放松身心，实现党团支部成员间的良好互动。通过开展"美丽校园"行动，"星级文明寝室"选拔工作，优化校园生活环境，丰富文化生活，加强养成教育与引导，进一步推进文明校园建设。

（三）坚持内涵式党建引领，营造科研型学术生态

文澜学院是具有"特区"性质的学院，旨在提高学生的科研能力，增强自身竞争力，培养创新拔尖人才。学院党支部、团支部充分围绕文澜学院建设目标与学校育人要求，坚持以习近平新时代中国特色社会主义思想为指导，鼓励以党员带团员的形式开展各类学术科研活动，提高自身政治站位，以增强科研能力和实现科研育人为基点，推动完善学院育人机制。

截至 2020 年 12 月，学院学生党支部成员参与国家自然科学基金 5 人次，发表多篇 SSCI 高水平学术论文，获得国家奖学金 1 人次，获得研究生科研创新项目校级立项 1 人次。在支部"党建＋科研"方针路线的贯彻带领下，支部荣获校级样板党支部三等奖。基于学生党支部所获的优秀成果和实绩，支部充分遵循党建带团建的要求，组织党员师兄师姐定期分享科研经验，树立了良好的模范带头作用，希望在学术研究方面有所成果的团支部成员也可以利用党支部、团支部交流的平台积极与有经验的党员联系，使学院党建带团建工作卓有成效。在青年党员老师的指导下，学院创办 Eureka 学术竞赛互助协会，以社团活动的形式鼓励广大党支部、团支部成员参加学术交流讲座和学术科研竞赛，为新生提供接触学术研究的入门平台和党支

部、团支部成员进行学术交流的桥梁。运用党支部、团支部共建平台，促进科研资源整合，培育良好的科研创新环境与氛围。在党员教师的指导下，学生党员和团员立足中国问题，积极开展学术研究，学生科研成果显著。为进一步建设"双一流"高校，深入探索拔尖创新人才培养模式，学院从海内外知名院校和科研机构引进优秀人才，并与北京大学联合成立"北京大学—中南财经政法大学新结构经济学研究中心"，吸引到数百名党员和团员学生积极参与交流活动的筹备、组织和开展工作，极大增加了学生的学术热情。同时，学院组织"文澜学院学术系列讲座"、国际国内学术交流会议，邀请国际知名专家学者讲学与交流，党支部、团支部一同参加系列讲座和学术交流会议，进一步为学生开阔国际视野、立足中国实际解决问题奠定了坚实的基础。

四、总结与思考

高校作为培养青年学生成为国家生力军和后备军的主阵地，在思想政治教育和优质人才培养方面肩负着重大使命，党建带团建是高校党、团组织联系沟通的桥梁与纽带，契合新时代高校党团建设的基本要求。"带是关键，建是核心"，党建带团建工作作为高校党支部、团支部开展工作的重要内容，面临着共同的发展要求，普遍呈现出关联度较小、形式化、亟待创新等问题。关联度较小体现在党、团支部主流业务相对分离，党建带团建的联动体系尚未完全建立；形式化表现在党建带团建的考核制度和长效机制尚待完善，需要探索党员主动发挥党建带团建、团员主动寻求党建带团建的纵向体系；亟待创新表现在党建带团建工作多为理论知识讲授，其表现形式需要进一步挖掘和创新。

面对新时代新形势及新发展要求，高校共青团工作要融入更多才智，夯实队伍建设基础，务求工作实效，追求长效机制以保障党建带团建工作的顺利开展。在夯实基础之上，以"五育并举"为抓手引领好青年的思想建设，坚持以学促知，以知促行，做理论与实践相结合的践行者。本文通过对中南财经政法大学文澜学院党建带团建工作现状进行解析，整理建立一整套行之有效的实践机制和工作体系，对于推进共青团建设具有重要作用。开发"带队伍""传思想""多元化"的"一带一传多元"的新型党建带团建教育模式，有效推进"实践育人""志愿育人"和"文化育人"工作开展，打造学院特色品牌、营造科研型学术生态，能有效提高中国共产党的影响力和共青团的凝聚力，实现高校立德为本的基本追求。以上所述的党、团建设机制和教育模式仅是文澜学院共青团建设过程中呈现的具有特色的案例，学院仍然需要不断进行更加深入的探索，积极寻找、思考、建立加强共青团建设的长效机制，以期培养更加优秀的中国特色社会主义建设者和接班人。

参考文献

［1］李易玲，吴爱邦. 论建构高校党建带团建工作的模式［J］. 广东青年干部学院学报，2009，23（04）.

［2］孙琪，胡刚. 新时代背景下高校党建带团建的理论与实践研究［J］. 高校共青团研究，2019（Z1）.

［3］静欣，高凯. 新时代高校党建带团建工作的调查与分析［J］. 高教论坛，2020（11）.

［4］李华龙，于新，应锦川. 立德树人导向下高校共青团思想引领工作的初心和使命［J］. 高校辅导员，2021（01）.

［5］沈健平. 高校团组织提高大学生思想政治教育的有效性探析［J］. 思想理论教育导刊，2014（10）.

［6］梁宏亮，王元力. 对构建新时代高校共青团思想政治工作体系的几点思考——基于对上海市 8 所高校 562 名大学生的实证调查［J］. 高校共青团研究，2020（Z1）.

新时期高校基层团组织活力提升探索

刘　翔　钟程棵　沈芝羽　刘玉玲

（**中南财经政法大学法律硕士教育中心**）

摘　要：团支部是高校共青团组织建设中的重要组成部分，是高校团委开展青年思想政治教育和各项活动开展的重要抓手。当前，一些高校的基层团组织还存在集体观念相对弱化、团员意识淡薄、团支部活动形式单调、缺乏创新、团干部综合素质参差不齐等问题，在一定程度上阻碍了基层团组织活力的提升。通过对我校部分学院团组织建设情况进行问卷调查，分析团支部建设存在的问题及原因，并针对性地从思想引领、活动形式、制度建设、人才建设等方面提出改进建议，为我校基层团组织活力提升提供实践参考。

关键词：团支部；活力；提升

一、新时期提升高校基层团组织活力的重要意义

习近平总书记曾说，群团组织只有建设得更加充满活力与坚强有力，才能在推进建设中，成为重要力量。团的工作和活动的基本单位是高校基层团组织，它是广大团员青年学习、生活、成长的基本阵地，承载团的基础性组织功能，在团员青年思想引领、素质拓展、成长服务和团组织自身

建设等方面都发挥着基石一般的重要作用。但部分高校的基层团组织在组织团员参加各类活动、比赛和调动团员积极性等方面还存在一些问题。同时，广大青年身处信息时代这一背景，能够随时感知西方思想与观点，在与传统的中华文化思想融合与碰撞的过程中，无形之中就被西方媒体中的腐朽思想而影响，不利于正确思想的形成。广大青年除了日常的自我学习外，共青团组织则在培养广大青年中发挥着举足轻重的作用，共青团组织能够集中促进提高青年思想政治觉悟、激励他们勇于奋斗乃是共青团组织的重要职责，因此，提升基层团组织活力迫在眉睫。

《中国共产主义青年团章程》在总则中指出："坚持不懈地抓好基层建设，不断增强基层活力。"青年在基层团组织中成长，需要形成"雁阵效应"，群体性成长规律赋予了基层团组织特有的组织育人功能。因此，纵深推进高校基层团组织改革攻坚、从严治团，关键在增强基层团组织活力。只有高校激活每个基层团组织细胞，经常性地开展教育活动，充分调动和施展各个基层团组织的活力和功能，基层团组织的战斗堡垒作用才能凸显，共青团整体的活力才能得到有效提升。

2015 年，团中央在《关于实施高校基层团支部"活力提升"工程的通知》中强调，高校基层团支部活力不足的问题还比较明显，针对该问题，要坚持突出团支部工作和建设。2016 年，《高校共青团改革实施方案》就如何提升高校基层团支部的活力问题予以强调，该方案由团中央、教育部联合印发，两单位明确提出："要推行班级团支部与班委高校共青团基层组织活力提升对策研究与实践。"2017 年，团中央办公厅印发《中国共产主义青年团普通高等学校基层组织工作条例（试行）》，通过明确高校团支部的职能清单，为推动高校基层团支部工作做出了系统性的部署和要求。2018 年，团的十八大报告中指出，青年是团组织建设的基础，在团组织建设中要广泛覆盖青年，针对青年的需求，开展相应的工作。此外，习近平总书记在同团中央新一届领导班子成员集体谈话时强调，要明确以大抓基层为鲜明导向，通过改革举措使基层建设真正丰富起来。2019 年，共青团十八届二中全会审议通过了《关于加强新时代团的基层建设　着力提升团的组织力的意见》，其中重点指出"要大抓团的基层建设，力争到 2022 年建团 100 周年时团的基层薄弱状况基本扭转，团的组织力明显提升"。在这样的背景下，分析高校共青团基层组织活力提升存在的问题，明确高校共青团基层组织活力提升的实施路径和有效对策，具有重要的理论和现实意义。

二、高校基层团组织建设现状及问题

为准确解决基层团组织建设中存在的问题，笔者以中南财经政法大学本科生和研究生为调查对象，以调查问卷形式，围绕团支部团日活动开展方式、参与度，党支部及其党员以及团干部在团支部建设中的作用，阻碍团支部活力提升因素以及团支部建设改进建议等方向进行研究，共收集有效问卷 579 份。参加问卷调查情况如下图 1 和表 1 所示。

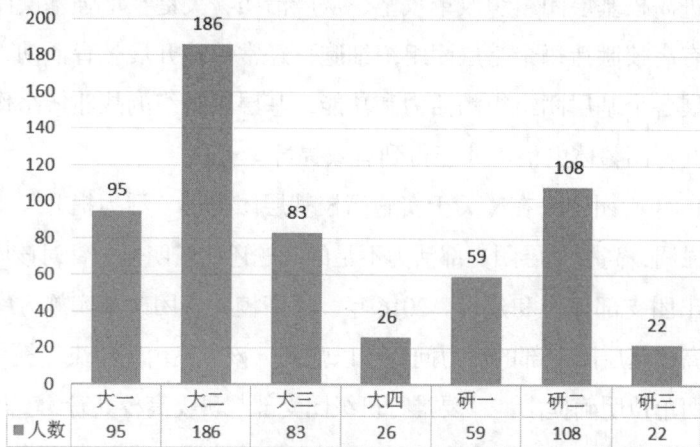

	大一	大二	大三	大四	研一	研二	研三
人数	95	186	83	26	59	108	22

图 1　问卷调查对象年级分布情况

表 1　学科和政治面貌情况

	类别	人数
学科类别	人文学科	528
	理工学科	51
政治面貌	中共党员（含预备）	88
	普通团员	350
	团员干部（在班级或学生会担任职务）	115
	群众	26

通过对调查问卷进行分析发现，我校本科生和研究生团支部建设总体水平较高，其中：认为班级团支部工作总体很好的人数达481人，占比83.07%；认为团日活动开展形式较丰富、丰富和丰富并具有新意的人数494，占比85.31%；积极参加团支部活动的人数达564人，占比97.4%。但应当看到的是，基层团组织活力提升还存在以下几个方面的问题。

（一）集体观念相对弱化，团员意识淡薄

从数据分析可看出，"大学环境中集体观念相对弱化"占比高达67.36%，成为阻碍高校基层团支部活力提升的首要障碍，具体情况如图2所示。高校中在校大学生团员比例约90%，他们是基层团组织活力提升的中坚力量。但是，目前部分团员在思想认识上存在偏差，对自身的团员身份缺乏准确定位，对共青团员的责任和义务缺乏正确认识，对所属团支部缺乏认同感和归属感，这些不利因素导致团员意识较弱，团支部作为凝聚基层中坚力量的功能弱化。

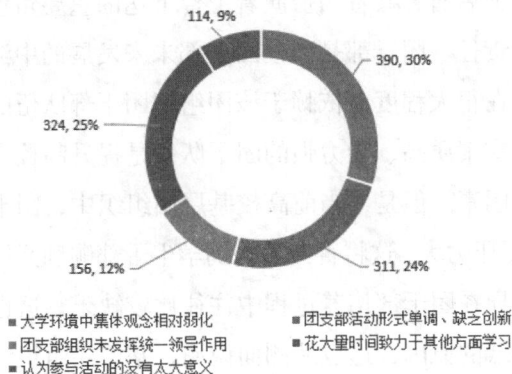

图2 高校基层团支部提升活力须克服的阻碍因素

（二）团支部活动形式单调，缺乏创新

从实证调研得到的数据来看，团支部活动的突出问题是：内容往往循规蹈矩、形式单一，缺乏时代的融入感和带入感。团组织由广大青年组成，应当反映青年的需求，展现青年的风采。现阶段，"00后"逐渐成为团组

织的主力军，在互联网信息的影响下，他们大多自我意识较强、价值观念多元、利益诉求较多。[1]传统的团支部活动开展方式，如讲座、培训、交流等，已经无法满足他们日益增长的需求。

（三）团支部组织结构不健全，制度建设有待强化

一方面，目前高校共青团开展活动的主要模式是建立班级团支部，但该模式在运行中，会出现组织结构职能上与班委职能划分不清晰、不明确的情况。[2]往往产生班干部、团干部出现重叠、团支部组织存在架构不清、团支部建设过度依靠班委等突出问题。另一方面，基层组织在运行中，除了接受上级组织的指导外，缺乏具体依据的条例和细则，团内分工不明确，奖惩措施不到位，导致团内生活、组织、推优制度以及学习制度注重形式而不注重内容，缺乏规范，难以落实。

（四）团干部综合素质有待提高

作为党的坚强后盾，共青团扮演着上传下达的重要角色，承担着联系青年群众的重要责任。团干部是高校团支部未来发展的中流砥柱，各项工作开展的好坏，在很大程度上依赖于该团组织团干部队伍的素质水平，不可否认的是，一支素质高、能力强的团干队伍是提升高校大学生思想政治教育质量的重要因素。但是，当前高校基层团组织中，团干部往往身兼数职，工作量增多，压力大，这将直接影响到学生干部顺利开展工作。[3]而且，系统的培训和指导在团干部培养过程中往往比较缺乏，这也是基层团组织工作开展水平较低的原因，这也从侧面说明，基层团组织工作存在很大的上升空间。

三、新时期高校基层团组织活力提升的路径思考

（一）增强思想引领，提高团员意识

思想引领是高校基层团组织的首要任务，要时刻对每位团员开展理想

信念教育。在基层团支部建设中，要坚持以党的十九大精神为指针，以此带动在广大青年团体中开展的学习活动，达到以理论学习提升理论素养，铭记"天下兴亡，匹夫有责"使命的效果。从而激发每位团员理论学习的意识，明确每位青年担起民族复兴重任的重要性，为实现中国梦努力奋斗。思想引领只有朝着这个方向才能实现真正的价值。

具体而言，一方面，充分发挥常态化教育的引领作用，以5种形式完成5类团课，丰富团课教育的方式和载体。高校基层团组织可以在普通团课课堂中融入专家授课、互动授课、实践授课等元素和"三微一端式"创新类团课的学习，打通第一课堂、第二课堂和第三课堂之间的常态化教育，合力育人。[4]另一方面，加强党建带动团建，组建"新时代思想宣讲团"，从党员、团干中选拔一批先锋"模范"，主要考量其政治立场、思想素质与综合素质，在各团支部中全面宣传党和团的重要思想，不断拉近各青年团员之间的距离，鼓励青年团员主动学习党和团的先进思想和精神，提升党团教育的实效性。[5]

（二）与时俱进，创新活动形式

高校基层团组织建设要紧跟时代发展趋势，结合新时代青年发展需求，与时俱进，在开展日常工作中要大力进行改革和创新，特别是工作内容和工作方式方法，全面改变团日活动以往单一的学习形式，吸引青年团员主动参与其中，通过众多青年团员的力量来支持高校基层团组织活力的不断提升。

一是充分借助网络新媒体，牢牢把握新媒体工作的主动权。要依据线上线下活动形式的特色，将二者进行结合运用，开展各类集思想性、教育性、趣味性于一体的文化活动，既突出思想引领，又兼顾"用户体验"。[6]顺应互联网趋势，搭建网络平台，全方位地引领青年学生以有效的方式利用网络。如此一来，不管是党团建设还是活动宣传，不论是文明创建还是行为习惯，都可引导青年学生通过网络第一时间"晒"出团的活动。

二是创建支部特色，打造团建品牌。"实事求是"要作为各基层团支部工作的出发点，这要求团干部要根据本支部的实际情况，同时注重活动形式上的创新。具体来说，在紧扣学生思想脉搏的基础上，同时考虑学生的专业特色，将二者加以结合以挖掘并开展学生欢迎的活动形式。各基层团支部在开展主题团日活动时，可以分期进行诸如科研创新、社会实践、志愿服务等不同类别的活动，以回应青年学生的需要，真正实现社会主义核心价值观在青年学生中入眼入耳、入脑入心，促进广大青年团员在实践中长知识、树品行、做贡献。[7] 从而落实打造色团建品牌活动。

三是开展社会实践，助力科研创新。社会实践和科研创新是助力团员成长成才的"第二课堂"。实践是最好的授业课堂，也是检验学习成果的重要平台。对于社会实践，基层团组织可以充分利用寒暑假时间，开展以专业研究为特色的三下乡活动，聚焦现实专业问题，为基层需求和服务建言献策，让学问走出书斋，体味实践之魅力，真正将论文写到祖国的大地上。创新是学生发展的动力。基层团组织将立足时代所需，积极引入学术科研资源，号召学生积极参与各类"学术论坛"，引领培养学生学术创新能力，同时鼓励团员积极参与专业类高端赛事，实现以赛促学，共谋素质发展。

（三）健全组织机制，增强制度规范

一方面，健全机制保障，加强组织建设，创新组织体系建设，将组织体系建设构建在横、纵向管理这一基础上，凸显特色。纵向而言，是指以团章要求为工作基础，确保从校团委、到院团委、再到团支部的一体化建设，达到统一工作目标、统一工作思想、统一工作规则这三个统一。横向而言，各团组织须完善本团支部委员会人员构成，明确分工，各司其职。

另一方面增强工作制度设计。具体内容有：以高校共青团关于基层团组织建设的要求为依据，建立符合基层团支部实际、具有可操作性的系列工作制度，比如基层团支部工作目标管理制度、活动开展制度、考核检查制度等。[8] 具体而言，首先要推进民主生活会、"三会两制一课"等思想学习，同时要规范团员推优等基础工作；其次要健全基层团支部目标考核机制，以营造争先创优的工作氛围，从而调动基层团支部的工作热情。

（四）加强人才队伍建设，提升团干综合素质

要重视基层团组织学生干部队伍的建设，激发战斗力和活力。实践需要理论的指导，必须将全面提升青年团干的理论知识放在首位，通过系统的培训提升共青团的先进思想、提高团干部的综合素质，充分发挥先进团干的模范带头作用。同时，要注重基层团组织团干部的梯度培训，针对不同职务开展相应的培训，进一步完善基层团干部培训体制机制，抓好后备干部培训。一方面，要抓好基层团组织政治理论学习，邀请优秀团干做工作经验分享，通过多种方式吸引优秀人才加入共青团组织；另一方面，充分发挥朋辈力量，做好不同年级团组织之间的传帮带。尤其是高年级层面，要将其团支部建设资源和成功经验进行整合，给低年级青年团员提供工作引导，切实发挥朋辈引领作用，提升团干综合素质，争做时代新人。

参考文献

［1］李东欣. 新时代高校基层团组织活力现状分析与提升方法初探——以华中师范大学共青团为例［C］. 全国学校共青团 2019 年学术年会优秀论文集. 中国北京，2019.

［2］曹蕾. 学习型组织理论视角下高校基层团组织活力提升的对策研究［J］. 才智，2018（15）.

［3］朱耘婵，韦巧慧，魏珍. 高校基层团组织活力提升的路径探析［J］. 现代商贸工业，2017（22）.

［4］史龙鳞，陈佳俊. 高校基层团组织活力提升的困境研究——基于"结构——行动者"的分析视角［J］. 中共杭州市委党校学报，2017（04）.

［5］曹巍. 新形势下提升高校基层团组织活力的对策研究［D］. 延吉：延边大学，2017.

［6］杨巍，王涛. 高校基层团组织活力提升研究——以新疆高校为例［C］. 新形势 新思路 新改革——全国学校共青团 2017 年学术年会优秀论文集. 中国北京，2017：6.

［7］黄楚安，连检，刘茜，等．高校基层团组织构建模式、职能建设与活力提升路径探析——基于武汉大学的调查研究［J］．晋城职业技术学院学报，2016，9（01）．

［8］天津大学团委．天津大学：多措并举提升基层团组织活力［J］．中国共青团，2019（10）．

「四史」学习研究与思考

建党百年背景下高校"四史"教育的分析与实践

孟庆红　肖欣如

（中南财经政法大学经济学院）

摘　要: 2021 年是中国共产党成立 100 周年。本文从时空维度追溯"四史"的发展与教育革新，阐明学习"四史"对于献礼建党百年、礼赞党的百年光辉历程的重要性。学习"四史"有助于建设有中国特色社会主义伟大事业，有助于批判泛娱乐化思潮、摒弃历史虚无主义，有助于坚定"四个自信"，并对我国立德树人的教育大计产生深远影响。本文辩证客观分析当前高校开展"四史"教育的问题所在，简要分析当代大学生对于思政教育以及"四史"学习的适应性，重点分析学习"四史"意义以及高校开展"四史"教育时表面化、碎片化、缺少反馈机制等问题。最后以中南财经政法大学对于"四史"教育的创新实践为例，为各高校开展"四史"教育提供云端赋能、资源挖掘的新路径思考。

关键词: 四史；教育；学习；高校；改革

一、"四史"教育的历史溯源

（一）沿时代脉络溯源"四史"

"四史"，即党史、新中国史、改革开放史和社会主义发展史。据相关文献，"四史"从20世纪便被党和国家所重视。例如党史，在中国共产党成立之初就有对党史的针对性研究。毛泽东（1981）在《如何研究中共党史》中指出，如果不把党的历史搞清楚，不把党在历史上所走的路搞清楚，便不能把事情办得更好[1]。1945年，党的六届七中全会通过了《关于若干历史问题的决议》，这是全党首次系统地学习党史。

对于"四史"的核心——党史，早在2010年全国党史工作会议上，习近平就提出"要把党史教育纳入干部教育培训的必修课"。2019年7月，中央"不忘初心、牢记使命"主题教育领导小组做出要求，要把学习党史、新中国史作为主题教育的重要内容，不断增强守初心、担使命的思想和行动自觉[2]。2019年秋季起，部分高校开始试点开设"习近平新时代中国特色社会主义思想概论"，在教学过程中，每门思政课程都承担有对大学生进行历史观和历史教育的任务。2019年10月，党的十九届四中全会将改革开放史作为推动理想信念教育常态化、制度化的学习内容，和党史、新中国史并列，让初心薪火永相传，把使命责任担在肩。

直到2020年1月"不忘初心、牢记使命"主题教育总结大会上，习总书记首次提出"四史"概念。习近平（2020）强调，要把学习贯彻党的创新理论作为思想武装的重中之重，同学习党史、新中国史、改革开放史和社会主义发展史结合起来[3]。2020年4月，教育部印发的《关于加快构建高校思想政治工作体系的意见》将"四史"教育作为加强政治引领的重要内容。加强"四史"教育是时代要求，对新时代高校思政课建设具有全局性意义。

目前，各高校课程体系中并没有开设专门的"四史"教育课程，但"四史"教育已基本融入现有的教学体系，并且"四史"的地位正在日益提升。

（二）从"四史"溯源中原大学学习实践

早在国民革命时期，武汉工人运动讲习所便开设有"中国职工运动史""帝国主义侵略史"等课程。在建立革命根据地后，武汉中原大学（今中南财经政法大学前身）开展了革命史教育课程，承担起政治理论教育的重要任务。从炮火中走来，中南财经政法大学建立在人民需要的地方，应济时需，源远流长。本文欲通过中南财经政法大学（以下简称"我校"）及前身的"四史"教育雏形，还原近代高校"四史"教育的实践过程。

我校作为党在解放战争时期创办的大学，在党史的学习教育研究方面秉承着优良传统，为其他高校设立中共党史课开先河、育人才。早在1948年建校之初，我校就认识到开展党史学习教育的重要性，前身中原大学最早开设了中共党史课程，由中共中央中原局第三书记邓子恢亲自主讲。

我校也在国内率先开展一系列党史的教学研究工作，为中共党史的教学研究做出了较大贡献，出版了《中国共产党纪检工作史》《中国共产党国情认识史》《中国共产党领导工作史》等。2020年我校率先建立全国高校第一个"四史"学习在线阅读平台，实现一人一卡全覆盖。2021年我校陆续推出"中共党史学习教育"系列活动。回望过去，既令我们自豪，又激励着我们中南大人要继续传承红色基因，进一步把"四史"修好，不断加强对"四史"的学习教育研究，在党的百年光辉历史中汲取前进的智慧与力量。

二、学习"四史"的重要意义

（一）以史鉴今礼赞党的峥嵘百年

一个忘记来路的民族，一定是没有出路的民族；一个忘记初心的政党，一定是没有未来的政党。2021年是中国共产党建党100周年，贯彻落实"四史"的教育对于研判国情党情、迎接党的百年华诞，更具历史与现实双重意义。立志千秋伟业，中国共产党风华正茂；屹立世界东方，中华民族儿女意气风发。把了解历史看作中国发展的精神动力的邓小平同志，前瞻性地提出"总结历史是为了开辟未来""要用历史教育青年，教育人民"的重要论断。习近平（2013）高度重视历史，强调"历史是最好的教科书。对我们共产党人来说，中国革命历史是最好的营养剂"[4]。"四史"的启迪意义，一如拨开云雾见月明，挖掘"马克思主义为什么行""中国共产党为什么能""社会主义为什么好"的深刻要义。在大历史观视域下，欲知大道，必先知史，开展"四史"学习，既是红色主题教育的重要任务，也是迎接庆祝建党 100 周年的政治要求。学习"四史"有利于以史鉴今，用历史书写民族未来，用历史献礼百年大党。

（二）助推中国特色社会主义伟大事业

正所谓"流水不腐，户枢不蠹"，"四史"蕴含着共产党与时俱进的执政规律。"四史"是一部社会主义、马克思主义发展史，也是一部马克思主义中国化史[5]。习近平关于"四史"学习的重要论述，是马克思主义中国化的最新要求，开辟了 21 世纪马克思主义和当代中国马克思主义发展的新境界[6]，是保证推进中国特色社会主义伟大事业的重要砝码。大学生学习"四史"有利于坚持完善中国特色社会主义制度，提高治国理政能力水平，从而推进我国现代化进程。

（三）有助于批判摒弃历史虚无主义

习近平（2014）表示，中国共产党人是马克思主义者，但绝不是历史虚无主义者，同样，也不是文化虚无主义者[7]。学习"四史"是批判历史虚无主义的迫切需求。历史是我们的一切。在历史自觉中学习"四史"可以使大学生坚持科学的唯物史观，摒弃泛娱乐化下的历史虚无主义。学习"四史"让我们不会忘记艰苦卓绝的动荡年代，珍惜今日来之不易的小康，中华民族用血与泪的拼搏，撑起了百年硬朗坚挺的脊梁。我们深知，今日的中国，是腾飞的中国，今日的繁荣，是党领导下的繁荣。如今我们响应国家号召研学"四史"，不是为了躺在功劳簿上歌功颂德，而是为了更好地观照现实，书写未来。

（四）淬炼精神文明，砥砺中华儿女

根本固者，华实必茂；源流深者，光澜必章。近些年来，"抗疫精神""女排精神""航天精神""工匠精神"深入人心，实际上这些新精神的背后无一不是对传统精神文明的守正出新，而学习"四史"则是对中华优秀传统文化与精神文明的传承与发展。当我们看世界之时，不要被浮云遮眼，而要端起历史规律的"望远镜"细心观望[8]。当我们研读党史时，中国共产党引领我们在黑暗中踽踽前行探索光明的光辉历程便历历在目；当我们研读新中国史时，沉睡的山河在小米加步枪的年代苏醒，文化自信从红色革命文化中蓬勃而出；当我们研读改革开放史和社会主义发展史时，九州贫瘠、百废待兴不复存在，独立自强、脱贫致富走向凯旋。"四史"中蕴含着丰富的文化与悠久的文明，是我们点燃激情、照亮未来的燧石。

（五）坚定"四个自信"的必然要求

坚定"四个自信"，即坚定道路自信、理论自信、制度自信和文化自信。研读"四史"是形成"四个自信"的文化符号，是坚定"四个自信"的必然要求。"四史"展现着我国道路的探索实践，见证着我国理论体系的改革发展，记录着我国制度的演进历程，推动着我国文化的高度自信。"四史"是我们对社会发展道路、马克思主义科学理论、社会主义制度以及中国特色社会主义文化的认同，并且是不平凡的认同[9]。加强"四史"教育，是推动新时代社会主义理论进教材、进课堂、进学生头脑的关键举措。坚定"四个自信"要求我们广大青年必须学习"四史"，知史而后明理。

（六）"四史"教育对教育大计的影响

本文侧重研究高校积极推动"四史"教育工作，对中国教育大计具有深远影响。

第一，大学正值青年学子形成价值观的重要阶段，加强"四史"教育有助于解决"历史教育为谁服务"的价值观问题，也有助于解决观察历史、分析历史的方法论问题。此时开展"四史"教育工作，可以引导学生更好地把握当今国家的发展大势，深刻认识自身使命担当，汲取历史智慧，提高历史思维能力，在建党百年之际，自觉地把自己的理想与中华民族的命运联系起来，实现个人发展和中华民族伟大复兴的有机结合。

第二，高校开展"四史"教育工作，是响应国家政策的重要举措。教育部将"四史"教育作为加强政治引领的重要内容，加强"四史"教育的重要意义在于为坚持和完善中国特色社会主义制度而服务，为建设社会主义现代化国家而服务。

第三，"四史"教育是高校学生党员真正学好历史知识、感悟历史精神的道路，是激发高校学生爱国情怀与坚定信仰的内生动力，是坚定理想信念、坚定使命担当的精华所在。学习"四史"有利于学生党员提升理论素养，强化政治担当。"四史"是每个共产党员的必修课，作为高校学生党员也不例外，这门功课不仅必修，而且必须修好。

三、当前高校开展"四史"教育的问题剖析

（一）大学生对"四史"教育的适应性有待提高

当代大学生比以往任何时候都更加前卫和自主，唯有了解当代大学生对教育的需求和评价，高校才能因需施教，因材施教，因时而进，因势而新。

1. 自发自主性

现如今，大学生习惯通过社交平台和网课平台独立自主地获取知识。部分大学生喜欢在 B 站、中国大学 MOOC、知乎等平台预习课程、提升技能。究其原因，当代大学生更加注重过程的体验感和获得感，注重兴趣爱好的满足感。因此，高校在开展"四史"教育时，应尊重学生的本体价值，引导学生自发自主地参与到"四史"的学习中。

2. 网络传播性

在自媒体的语境下，网络空间给予每个人"麦克风"的权利，人人享有言论自由权。无论是微博、朋友圈或是 QQ 空间等社交平台，都留下了当代大学生的交流痕迹。因此，高校在开展"四史"教育时，应根据网络传播性给予大学生适当自由讨论的空间。

综上所述，高校要善于发现学生在成长过程中存在的问题，抓好课堂育人主阵地，发挥互联网价值，云端赋能"四史"教育。让"四史"以其开放的胸襟和动态的视角满足当代大学生的学习需求，保障思政教育和立德树人工作的扎实推进。

（二）大学生观念泛娱乐化等倾向

在中国特色社会主义进入新时代的历史方位下，增强大学生的"四史"教育，是高校完成立德树人根本任务的"最后一公里"。而在泛娱乐化与历史虚无主义思潮影响下，高校"四史"教育面临重重问题。

泛娱乐化是改革开放以来社会发展演变产生的消费与享乐主义至上的文化现象，对青少年的负面影响尤为突出。泛娱乐化思潮严重影响大学生认识历史、评判历史，主要体现在以下几个方面。

1. 泛娱乐化思潮追求物质化享乐主义，过多的感官享受解构着集体历史记忆，尤其是现在网络上还存在大量"戏说"中国历史的内容，致使大学生误读误解党史、新中国史，扭曲对党的领导人和革命英雄人物的态度[10]，这对培养大学生的价值自觉是极其不利的。

2. 泛娱乐化思潮强调价值虚无化，会弱化大学生的历史意识，阻碍大学生以大历史观分析问题，汲取历史经验，也会弱化对"四个自信"的坚守。唯有坚定"四个自信"强国铸魂，才能构建起我国主流文化的新思潮。

3. 泛娱乐化思潮具有明显的"非政治化"倾向，侵蚀着大学生的价值信仰，消解大学生的政治认同。谈及"四个自信"中的制度自信，中国制度之所以具有强大的生命力，"就在于这一制度是在中国的社会土壤中生长起来的"[11]。国家提倡学"四史"知史爱党，知史爱国，拥护中国特色社会主义制度,而泛娱乐化却在消解大学生对党的认同感和社会责任感,造成当代大学生对党和国家路线、纲领的曲解和误读。传播主流教育,消除历史虚无主义的不良影响,净化网络生态势在必行。

(三)高校"四史"教育形式化

强化"四史"教育是时代要求,要把加强"四史"教育作为创新高校思政课课程体系、深化思政课教学内容改革的重点内容。但目前高校开展"四史"教育仍存在诸多问题。

1. 游离化

从课程体系来看,目前实施的"05方案"课程体系和教学体系并不是根据"四史"教育的要求来设计的,所以没有明确规划各门课程应承担的"四史"教育的具体内容。"四史"课未真正纳入高校教学体系,处于游离化状态。高校对"四史"教育的内容应当重新进行整体规划,分工要明确,内容求互补,各科应衔接,形成有机融合体。

2. 表面化

从学生角度来看,学而不思、思而不深,浅尝辄止,不求其解,这几个词形象概述了当今大学生在学习"四史"的过程中存在的表面化问题。只闻其事、只知其名,却不知细节、不明规律。表面化地学习"四史",只会"学而不思则罔,思而不学则殆"。我们讲究的学习"四史",是要从历史中总结经验教训,而不是为了学"四史"而学"四史"。

3. 碎片化

从教师角度来看,部分教师在渗透"四史"理论知识时注重讲解简单的历史知识,并且把"四史"分开单独讲授,倾向于专题化、板块化教学。但是这样做很容易导致教学内容只能满足学生最基础的了解,学生对于"四史"的学习只能是割裂、板块的状态,很难形成完整的知识体系和历史框架。

4. 缺少反馈机制

从反馈角度来看,"四史"课程缺少必要的反馈机制,各高校并不能真正掌握学生的学习满意度、学习效率、掌握情况、喜好程度、学习意愿等，而这些反馈评估都应是衡量"四史"教育工作开展得是否成功的有效指标。从现有数据来看，传统的思政教学模式难以满足学生的学习能动性，倘若没有学生的及时反馈评估，即使采用"互联网+"的新模式也很难达到预期效果。

四、高校"四史"教育的创新实践案例

站在"两个一百年"奋斗目标的历史交会点，爱党爱国是大学生奋发进取的坐标，更是攻坚克难的信心所系。下面以中南财经政法大学为例，通过分析其在"四史"教育方面的研究与创新，探索适合高校推广的"四史"教育新路径。

（一）云端赋能——"四史"在线学习阅读平台

2020年，中南财经政法大学作为全国首所为在校师生建立终身学习"四史"的在线学习阅读平台的高校，综合运用书籍资源与网络资源等学校文化优势，为新时代高校研学"四史"的创新实践涂上浓墨重彩一笔。该平台具有以下几个方面的优势。

1. 特色鲜明

该平台是集阅读、学习与互动于一体的数字图书馆，更是中南财经政法大学广大师生研学"四史"的"黄金屋"。读懂中国·中南财经政法大学书香在线学习阅读平台主推"四史"内容，囊括党史、新中国史、改革开放史和社会主义发展史的相关电子书籍。这样做一方面引导本校师生加强"四史"理论学习，倡导青年坚持深入研学"四史"，坚定共产党人的理想信念，知史爱党，知史爱国；另一方面，外化于行，理论化实践，真正引导青年学子在爱党爱国上做到"知行合一"。

2. 推广性强

在功能上，读懂中国·中南财经政法大学书香在线学习阅读平台拥有在线阅读收听、推荐收藏、自由书评、书友互动等众多功能。在途径上，

学校拓宽师生"四史"学习渠道，除了依托微书房 APP，还开放电脑、手机网页版以及中南财经政法大学官方微信公众号，设立独立的学"四史"板块。

3. 操作简单

读懂中国·中南财经政法大学书香在线学习阅读平台简单易操作，师生均拥有专属学习阅读卡，凭卡可免费下载并阅读电子图书。

中南财经政法大学以史为鉴，与时俱进，创新实践研学"四史"，真真正正做到激发广大青年爱国爱党高尚情怀，将学习、践行"四史"作为一门必修课，在全校掀起学习"四史"的新高潮。

（二）结合红色资源，深入学习"四史"

从浙江嘉兴红船到当代"复兴号巨轮"，我们学习"四史"，就是要在党的领导下一路开拓进取。百年间，在党的鼓励号召下，思想洪流激荡，呐喊发出力量。百年间，当年的红船掀起了国家命运的潮起潮落，每一朵浪花都唱着热血沸腾的赞歌。学"四史"，是坚持和发展中国特色社会主义、把党和国家各项事业继续推向前进的必修课[13]。结合红色资源，发挥本地大学生优势，深入学习"四史"，既是守初心亦是担使命。

中南财经政法大学倡导学生前往校史馆、周边红色旅游基地进行学习，大一新生几乎均参观过辛亥革命武昌起义纪念馆并做出观后心得，大二及以上的学生基本上都参观过武汉市著名红色旅游景点。诸如红色基地集体参观走访、线上媒体平台宣讲，学工部宣传、"学四史"演讲比赛等，中南财经政法大学充分发挥资源优势，灵活运用各种载体，让"四史"教育工作取得实质性成效。

五、高校"四史"教育的改革与创新

（一）教学方式改革

根据大学生的认知特点和课程需求对"四史"教育做出整体教学规划，

结合丰富的红色故事、英雄事迹等采用学生喜闻乐见的方式开展针对性的"四史"教育。针对不同年级，可以开展不同教学活动，例如课堂教学、研学实践、撰写调研报告、"四史"百生讲坛等，让学生在学习历史时更具实践性，身临其境感知"四史"的文化精神。

（二）教育结构改革

要将"四史"教育融入高校思政课体系中，就要求高校投入人力物力健全师资队伍，提升教师的专业素养。教师团队应积极参与"四史"培训会，找到更适合"四史"教育与当前课程体系相融合的方式。要运用大数据手段紧密把握"四史"间的内在联系，让学生更多维地了解到历史事件本质。各高校应努力尝试完善"四史"教育的教育机制，充分发挥当地的文化特色实体的资源优势以及大数据的信息资源优势，对症下药，推动教育结构改革。

（三）教学载体改革

随着互联网技术的完善和发展，互联网助力思政教育的方式更加贴合大学生需求，不仅可以重构教育工作者对教育方式的认知思维，也可以根据学生的特点进一步创新教育模式。开展"四史"教育，除了利用课堂主阵地外，还应充分利用线上资源，扩大参与主体，构建移动互联时代师生共同提升"四史"思辨性的生态系统。互联网载体赋能"四史"教育主要表现通过中国大学 MOOC、智慧教室和翻转课堂等通过互联网走进高校课堂，促使师生增加互动，提升大学生的参与度与获得感，也让教师及时了解大学生的思想动态，实现"润物细无声"的教育效果。同时联合众多一线专家、讲师，把最前沿最深入的知识传播给更广泛的受众；也可以联合各大媒体，实现红色教育、党政教育的情感链接。

总之，高校在开展"四史"教育时应尊重学生本体，尊重学生关心的话题，树立更包容开放的姿态，让学生在正确价值观与舆论导向的引导下自由探讨，提升学生的"四史"思辨能力。充分挖掘和培育"四史"教育的创新举措，将线上资源嵌入教学实践，让"四史"学习平常化、自主化。同时需要对"四史"教学内容虚假化、主观化、非政治化坚持"零容忍"的态度，为"四史"教育塑造正确舆论导向，创造良好舆论氛围。要用喜闻乐见的讲解方式拉近与学生的距离，将"四史"中的重大事件与现实生活紧密联系起来，加深大学生对历史的印象与心灵触动。

参考文献

[1] 毛泽东. 如何研究中共党史［J］. 教学与研究，1981（04）.

[2] 中央"不忘初心、牢记使命"主题教育领导小组印发《通知》：认真学习党史、新中国史［N］. 人民日报，2019-08-01.

[3] 习近平. 在"不忘初心、牢记使命"主题教育总结大会上的讲话［N］. 人民日报，2020-01-09（02）.

[4] 党面临的"赶考"远未结束——习近平总书记再访西柏坡侧记［N］. 人民日报，2013-07-14.

[5] 王树荫，耿鹏丽. 新时代学习党史、新中国史、改革开放史、社会主义发展史的若干思考［J］. 思想理论教育，2020（5）.

[6] 钟明华，于颖. 当代中国理论自信的历史逻辑［J］. 理论与评论，2019（3）.

[7] 习近平. 在纪念孔子诞辰2565周年国际学术研讨会上的讲话［R/OL］（2014-09-24）. http://www.xinhuanet.com/politics/2014-09/24/c_1112612018.htm

[8] 习近平. 用科学态度鉴往知来：深入学习贯彻习近平同志系列重要讲话精神［N］. 人民日报，2015-11-05（07）.

[9] 孙力，田志轩. 学习党史、新中国史、改革开放史、社会主义发展史的时代使命［J］. 思想理论教育，2020（6）.

[10] 刘白杨，姚亚平. "泛娱乐化"思潮下大学生党史教育研究［J］. 思想教育研究，2017（09）.

[11] 中共中央文献研究室. 十八大以来重要文献选编［M］. 北京：中

央文献出版社，2016.

［12］习近平. 在十八届中央政治局第二次集体学习会上的讲话［N］. 人民日报，2013-01-02.

［13］习近平. 在对历史的深入思考中更好走向未来 交出发展中国特色社会主义合格答卷［N］. 人民日报，2013-06-27.

新时代如何进一步坚定青年学生文化自信①

胡 阳② 秦睿祺③ 周 琼④

（中南财经政法大学金融学院）

摘 要：新中国历经风雨，尤其是改革开放以来，中国特色社会主义取得伟大胜利，青年作为中国特色社会主义的建设者和接班人，应认真学习，深刻领会习近平总书记关于坚持文化自信、走文化强国的中国特色社会主义文化理论。本文在论述文化自信及其含义的基础上，深入分析全球化背景下当代青年在坚定文化自信方面存在的问题，探究其产生的原因，并进一步提出对策和建议。

关键词：青年学生；文化自信；全球化

中国特色社会主义进入新时代以来，我国高等教育进一步改革和发展，当代青年学生成为传承和创新中华文化的主要力量，也是弘扬和发展当代中国先进文化的重要群体。新时代，进一步坚定学生的文化自信，对于我

① 基金项目：本文系湖北省教育厅哲学社会科学研究项目"新时代背景下大学生政治认同培育路径研究"（项目编号：20G020）阶段性成果。

② 胡阳，女，中南财经政法大学金融学院，辅导员。

③ 秦睿祺，男，中南财经政法大学金融学院，2018级金融学类本科生。

④ 周琼，女，中南财经政法大学经济学院，辅导员。

们国家软实力的提升、中华民族伟大复兴中国梦的实现至关重要。坚定青年学生文化自信，有利于进一步推动大学文化的传承和不断发展，有利于更加深入地理解和把握我国文化的发展方向。

一、文化自信的含义

文化是一个国家、一个民族长期生活方式、生产方式的传承和积淀，它既传承过去，又支配现在，还影响未来。文化兴则国运兴，文化强则民族强。党的十九大报告指出，没有高度的文化自信，没有文化的繁荣兴盛，就没有中华民族伟大复兴。文化自信是一个国家、一个民族、一个政党对其自身文化价值的充分肯定。文化自信实际体现的是一种文化心理的认同，包括理性的认同、情感的认同，最后上升为价值信仰，只有在心理上对其认同，也就是文化自信，才能使制度自信、理论自信、道路自信更加稳固，才能真正渗透到人的理性、情感和信仰之中，才能真正将中国特色社会主义经济发展优势转化为话语优势。

文化自信包括对传统文化、革命文化的自信，其最终本质是对中国特色社会主义文化的自信和这一制度的认同。纵观世界历史，自古以来每一个国家或民族，其发展道路的选择和社会制度的建立，一定有其深厚的文化渊源。中国特色社会主义文化，源自中华民族 5000 多年文明历史所孕育的中华优秀传统文化，熔铸于党领导人民在革命、建设、改革中创造的革命文化和社会主义先进文化，植根于中国特色社会主义伟大实践。中国制度自信、理论自信和道路自信的本质，是对中华民族优秀传统文化传承的基础之上的文化自信。

二、新时代青年学生文化自信方面存在的问题

高度的文化自信是新时代对青年学生提出的必然要求。由于存在多方面原因，当代青年学生并未完全具备高度的文化自信，主要表现为以下几个方面。

（一）对传统文化的认知程度不够

传统文化是一个民族的精神源泉，但如今并未很好地起到对青年学生的熏陶、引导作用。以古文诗词为例，在一次针对性调查中，参与调查的大学生中仅有17%的学生对中华诗词古文具有喜欢的态度，会主动去学习；14%的人表示不喜欢，也不怎么去学习，认为其已跟不上时代的进步，理工科学生的情况则更糟糕；其余学生则表示"课本中的会去学习，课外不愿意自学"。高校虽重视通识教育，但涉及优秀传统文化的教育十分有限。与此同时，大学整体侧重专业培养，导致学生对传统文化的关注度与认同感低。此外，受当今高度发达的媒体技术影响，大多数青年学生更喜欢利用课余时间刷剧、追星、看娱乐综艺节目等，无暇去对传统文化进行深入了解，很多学生对于传统文化的认知只停留在课本的有限接触层面，缺乏系统的学习与传承意识。

（二）对外来文化鉴别力低

受全球化浪潮的影响，大量西方文化产品涌入国内，其中不乏先进的、有助于大学生开阔视野的，但也有不少糟粕渗透其中，对社会主义主流文化造成冲击。学生往往会对这些"新鲜"事物表现出极大的好奇心，进而不加鉴别地去了解与学习。更为严重的是，面对各种意识形态尤其是西方意识形态的冲击，少部分学生的马克思主义信仰、社会主义的信念动摇，转而被西方资本主义所宣扬的民主、自由与人权所吸引。青年学生如果在认知的过程中不加以鉴别，不免会被其"洗脑"，进而阻碍社会主义核心价值观的培育与践行。更有甚者会在拥护西方文化的同时贬低民族文化甚至是全盘否定，且经网络传播将恶劣的影响进一步扩大。除此之外，更有个人主义、拜金主义等西方文化正以相同的方式一步步侵蚀着中国主流文化，使青年学生的文化自信产生动摇。

（三）对当代中国先进文化关注度不够

当代中国的先进文化，是立足中华民族，面向世界、面向未来的，科学的、理性的文化，是中国特色社会主义发展的重要精神源泉。青年学生应当用先进思想武装头脑，做先进文化的学习者和传播者，勇担时代重任。然而，部分学生主动了解国家大政方针、时事政治、先进文化的积极性不高，大都是学校被动性的灌输。许多学生精力与焦点要么只放在专业课学习上，过于狭隘，要么被外来文化、潮流文化吸引，主动学习中国优秀传统文化、中国先进文化的自觉性不够。

（四）对中国特色社会主义文化践行程度不够

践行中国特色社会主义文化，要求青年学生必须牢固树立马克思主义思想，践行社会主义核心价值观，加强道德修养。但由于文理分科、市场经济不完善、价值多元化等多种因素的影响，导致当前青年学生在践行社会主义核心价值观问题上出现对他人与对自我的双重标准，在加强道德修养方面力度不够，出现重技能轻修养的现象，普遍存在对中国特色社会主义文化、马克思主义、社会主义核心价值观等的关注与钻研不够，对中国特色社会主义文化的践行远达不到坚定文化自信的要求。

三、青年学生文化自信缺失的原因

（一）近现代文化思潮的影响

鸦片战争、洋务运动、新文化运动等"全盘西化"思潮在中国近现代史上占有重要地位，在东西方文化的交融上产生了重要影响。诚然，中国的近代化历程是由这些思潮所引起的，但它们大都是建立在否定中国传统文化的基础之上。作为一种片面化、极端化的思潮，"全盘西化"忽略了文化的民族性和多样性，没有认识到在不同的历史阶段，不同的国家，发展道路的选择各不相同，必须结合国情有所取舍地批判与学习。"全盘西化"思潮对中国文化进行了毫无保留的批判，使得中国文化在这一时期遭受重创，众多优秀传统文化断代，错误地用西方文化进行替代，极大削弱了全民族的文化自信。

（二）市场经济文化的影响

在市场经济发展尚不充分、体制尚未健全的条件下，拜金主义、消费主义等糟粕思想深刻影响着国人的观念，在文化领域的主要表现为文化从业者的趋利性、利己性不断增强，众多文化产品被用作捞钱的工具，产品质量每况愈下。在市场经济的规则中，文化产品的生产成本越低，其所带来的利润就越高，越会激起文化产品生产者的积极性。其结果是文化产品大量涌现在市场上，低俗、庸俗、媚俗化产物的不断出现。这样一来，众多低质量文化产品充斥文化市场，如各类以传统元素为题材的庸俗小说，它们为生产者带来了利润，却拉低了中国文化的整体品位，也削弱了国民对于本民族文化的热诚度。

（三）西方文化的冲击

随着信息技术的发展和互联网时代的到来，文化传播的方式发生了巨大变化，传播的速度也前所未有，很多西方国家执着于意识形态的偏见，利用技术优势，牢牢掌握着"话语权"，对部分发展中国家进行诋毁性宣传报道。以美国为首的西方资本主义国家从未间断对我国青年学生在意识形态领域的文化渗透，通过宣扬所谓的"新自由主义""历史虚无主义""普世价值"等思想对社会主义国家进行文化输出以及文化渗透，通过电影、电视、互联网等方式，潜移默化地灌输、宣传西方文化和思想，对大学生进行"洗脑"和意识形态渗透，削弱青年学生对民族文化的认同感。

（四）大学思政教育质量的影响

高校思政理论课是对青年学生进行思想教育，培树文化自信的重要课程，担负着"立德树人"的根本任务。但就目前一些现实情况来看：一方面，高校部分思政课程存在"水课"的现象，学生对课程漫不经心，将考试及格获取学分看作课程的唯一目标；另一方面，不乏思政课教师本身缺乏对先进文化的关注，拘泥于课本知识，仅完成教学任务，没有真正做到思政教育入脑入心，加深了学生的厌倦情绪。若不能提高大学思想政治教育的整体质量，挖掘出思政工作中的人文精神培育，易造成学生文化自信缺失、主流意识形态不牢固、多元文化价值观取向动摇等后果。

四、新时代下坚定大学生文化自信的策略

（一）充分理解文化自信的根本地位，注重培养学生正确的文化观

坚定青年学生文化自信，首先要引导青年学生理解文化自信的根本地位。习近平总书记指出，"要坚定理论自信、道路自信、制度自信，最根本的还要加一个文化自信"，明确了文化自信的根本性地位。"四个自信"共同构成了我们对中国特色社会主义的全局性把握，其中"道路"是中国特色社会主义建设进程中的实践探索，"理论"是实践探索基础上的理论总结，"制度"是中国特色社会主义制度体系，"文化"是鼓舞激励全党全国各族人民奋勇前进的强大精神力量，其核心要义就是中国特色社会主义共同理想。

新时代背景下，面对西方文化的强烈冲击，要想实现中国特色社会主义共同理想，需要树立牢固的文化主体意识，强化民族文化认同感。青年学生要自觉承担起弘扬中华民族优秀文化的重任。在此基础上，注重培养学生辩证的、全面的、互鉴共进的文化观，主动自觉地吸收优秀的外来文化，实现外来文化和中华民族文化的完美融合。面对外来文化时，"取其精华，去其糟粕"这一原则要铭记于心，杜绝毫无批判的文化引进，要用正确的价值观与实践标准来衡量和鉴别，提炼出顺应我国新时代国情的文化发展形式，以应对全球化发展潮流。

（二）发挥思政教育引导青年学生坚定文化自信的作用

高校思政课是我国高等教育十分重要的组成部分，对于培育青年大学生文化自信、促进青年大学生更加全面地认识中国、更好地实现个人发展具有重大作用。习近平总书记在学校思想政治理论课教师座谈会上指出，我们党一直以来对思想政治工作都高度重视，并始终坚持马克思主义的指

导地位,全力推动高校学科体系建设,为高校思政课的发展提供了根本保证。

由此,在实际教学过程中,一方面要注重优秀传统文化在课堂上的渗透、增强大学生对民族文化的认同感,另一方面要拓宽教学视野,包括历史、国际和知识视野,通过纵横比较,把道理表达清楚,凸显中国文化的特色与优势。再次,更要引导学生树立正确的价值观,培养科学的思维方式,如《毛泽东思想和中国特色社会主义理论体系概论(2018版)》在原有内容的基础上,指出青年大学生要始终坚定"四个自信";《中国近现代史纲要》对于青年大学生深入理解中国革命文化传统和爱国主义文化具有重要指导意义;《思想道德修养与法律基础》对于青年大学生树立正确的世界观、人生观和价值观具有重要作用;《马克思主义基本原理》有利于青年大学生牢固树立马克思主义文化观。

(三)加强青年学生对中国特色社会主义文化践行程度

马克思指出,所有的社会生活在本质上都是实践的。文化也来源于实践,要重视实践对培育大学生文化自信的作用。习近平总书记告诫广大青年"要力行,知行合一,做实干家"。强调要坚持理论和实践相统一,一方面用科学的理论来培养大学生,另一方面用思政课的实践性来指导大学生,把思政课同社会大课堂接轨,教育引导青年大学生树立远大理想信念。

在当今青年学生对中国特色社会主义文化践行程度不够的困境下,高校应在课堂内外同时拓宽文化践行的渠道。思想政治教育工作要重视实践活动的策划与开展,组织和参与形式多样的文化实践活动,如参观当地博物馆、纪念馆,组织学生自行阅读相关经典书目,撰写读书笔记以及鼓励学生针对社会问题进行多形式创新调研。课堂外,组织以人文类调研为主要内容的寒暑期社会实践,指导学生参与大学生创新创业大赛,举办特色主题党日、团日活动,开展传统文化、红色文化及廉政文化教育活动,志愿服务和研讨会等,让大学生在思想上牢固树立马克思主义意识形态,在行动上以社会主义核心价值观为引领,锤炼品德修养,全面践行中国特色社会主义文化,在实践中坚定文化自信。

参考文献

［1］吕旻. 全媒体语境下大学生文化自信教育的路径探析［J］. 浙江理工大学学报（社会科学版），2019（5）.

［2］付洪安，刘凌宇，刘建涛，等. 拓展社会实践，增强大学生文化自信［J］. 辽宁工业大学学报（社会科学版），2019（5）.

［3］金东黎. 当代大学生文化自信的失落及培育［J］. 教书育人（高教论坛），2019（9）.

［4］李金. 西化思潮对当前中国主流意识形态的影响及反思［J］. 中共桂林市委党校学报，2016（2）.

［5］刘奎. 浅析将"文化自信"践行融入高校思政工作的思考［J］. 教育现代化，2019（22）.

［6］颜梦圆. 大学生文化自信培育的路径与方法［J］. 新西部，2019（9）.

［7］林凤凤. 新时代思想政治教育工作与大学生文化自信的培育及提升［J］. 贺州学院学报，2019（1）.

［8］刘奎. 浅析将"文化自信"践行融入高校思政工作的思考［J］. 教育现代化，2019（22）.

［9］田嵩燕. 如何理解文化自信在"四个自信"中的基础性地位？［N］. 学习时报，2019.

［10］颜梦圆. 大学生文化自信培育的路径与方法［J］. 新西部，2019（9）.

［11］田嵩燕. 如何理解文化自信在"四个自信"中的基础性地位？［N］. 学习时报，2019.

［12］刘奎. 浅析将"文化自信"践行融入高校思政工作的思考［J］. 教育现代化，2019（22）.

［13］林凤凤. 新时代思想政治教育工作与大学生文化自信的培育及提升［J］. 贺州学院学报，2019（1）.

关于创新高校"四史"学习机制的若干思考

——以实践育人强化"四史"学习为切入口

郭青川 周 洲

（中南财经政法大学刑事司法学院）

摘 要：重视实践育人，坚持教育同生产劳动和社会实践相结合，广泛开展各类社会实践。实践育人不仅是高校人才培养的重要途径，也是强化高校"四史"主题学习教育的重要路径。当前高校推进"四史"主题教育学习，需要充分重视实践育人，坚持"四史"学习教育同生产劳动和社会实践相结合，广泛开展各类社会实践，坚决摈弃"四史"学习"唯书本论""唯分数论"，建立实践育人推进"四史"学习教育机制，引导高校学生通过实践深入学习"四史"，研究"四史"。

关键词：学"四史"；高校；学生；实践育人

一、引言

当前，我国与世界正处于两个变局之中，一个是中华民族伟大复兴的浪潮中，一个是由我国走向复兴所主要引导的世界百年未有之大变局。在此环境下，我国所面临的矛盾风险挑战之复杂、改革发展稳定任务之沉重、治国理政考验之大是前所未有的。这时候，就需要我们既要用科学理论武装头脑，与时俱进，也要正确认识历史规律，以史为鉴。

2020 年年初，习近平总书记在"不忘初心、牢记使命"主题教育总结大会上发表重要讲话，他指出："只有坚持思想建党、理论强党，不忘初心才能更加自觉，担当使命才能更加坚定，要把学习贯彻党的创新理论作为思想武装的重中之重，同学习马克思主义基本原理贯通起来，同学习党史、新中国史、改革开放史、社会主义发展史结合起来。"党史、新中国史、改革开放史、社会主义发展史这"四史"分别围绕不同的角度和方向，讲了党和国家在不同历史时期的奋斗与发展，虽然侧重不同，但是"四史"合一也就是新民主主义革命后党带领人民带领中华民族从站起来到富起来再到强起来的复兴史、奋斗史。它凝聚了百年来中国人民奋斗拼搏的智慧与心血，学好"四史"，守好初心，才能继往开来，行稳致远。

习近平总书记在给复旦大学青年师生党员的回信中曾提道："希望广大党员特别是青年党员认真学习马克思主义理论，结合学习党史、新中国史、改革开放史、社会主义发展史，在学思践悟中坚定理想信念，在奋发有为中践行初心使命，努力为实现'两个一百年'奋斗目标、实现中华民族伟大复兴的中国梦贡献智慧和力量。"学"四史"，青年是绝对的主力军，高校是重要的大课台。当前，各个高校掀起了开展学"四史"主题教育学习活动的浪潮，切实提高"四史"学习质量，发挥高校思政教育思想引领作用，建设"四史"学习长效机制，使得青年"四史"学进去，"信念"立起来，"思想"跟党走，才能使青年以史为鉴，才能更好把握当下，赢得未来。

二、把握高校"四史"学习阵地的重要性

（一）有利于发挥高校思政教育作用，引领学生不忘初心跟党走

当前我国高校人才培养体系的目标是明确的，那就是培养德智体美劳全面发展的社会主义建设者和接班人，这既是青年成人成才的关键，也是

高校对党、对人民、对国家发展肩负的历史责任。重视思政教育，强化"四史"主题教育学习，建设好、开辟好高校"四史"学习阵地，是发挥高校思政教育作用的重要方面。历史是最好的教科书，推进"四史"学习，用党和人民的百年奋斗来教育青年，才能引导学生始终坚持道路自信、理论自信、制度自信、文化自信，从而厚植爱国主义情怀，不忘初心，紧跟党走，强化信念，把爱国情、强国志、报国行自觉融入坚持和发展中国特色社会主义事业、建设社会主义现代化国家、实现中华民族伟大复兴的奋斗之中。

（二）有利于中国特色社会主义思想"进教材""进课堂""进头脑"

"四史"的学习，属于意识形态领域，是引导以高校学生为主体的广大青年掌握中华民族的百年奋斗历程的主渠道、主阵地。把握"四史"学习阵地，完善高校"四史"学习机制建设，把学习贯彻党的创新理论同学习党史、新中国史、改革开放史、社会主义发展史相结合。全面推动习近平新时代中国特色社会主义思想进教材、进课堂、进学生头脑。学"四史"，"进教材"容易，"进课堂"也容易，关键是要让"四史""进学生头脑"，让历史的发展观念与奋斗精神深入人心，所谓的"四史""进学生头脑"既不靠死记硬背，也不靠晨读夜读，关键在于彻底学好历史、深入学懂历史、弄通其原理，领悟其精神，深刻理解"四史"所蕴含的丰富内涵，结合实践和自身思考，把握"四史"贯穿的中国特色社会主义立场和方法，了解其思想和原因，才能不断加深对"四史"，对中国特色社会主义理论体系的理解水平。只有全面了解"四史"，才能使大学生真正了解和掌握习近平新时代中国特色社会主义思想的真谛和精髓。

（三）有利于新时代青年坚定文化自信

当前，中华民族正处于最接近伟大复兴的伟大时刻，但是，行百里者半九十，我们也处于跋山涉水攻坚克难最关键的时期。随着我国的逐渐发展与日益强大，旧的不合理的国际规则开始受到冲击，世界变革加速，百年未有之大变局日益明朗，大国之间此消彼长，矛盾日益突出，意识形态与文明之间的冲突日益加剧。在西方日益严峻的舆论、思想、意识形态的挤压下，在我国国内部分青年思想中，历史虚无主义与民族虚无主义有所抬头，在此情况下，要批判虚无主义、澄清谬误树立文化自信，助力民族伟大复兴，就必须紧抓高校"四史"主题学习教育阵地，向大学生们讲好中国故事、展示中华民族坚忍不拔的奋斗精神，优秀的文化风采，使其全方位了解党史、新中国史、改革开放史和社会主义发展史的历史脉络，从而弘扬爱国主义为核心的中华民族精神与以改革开放为核心的时代精神，培育青年正确的历史观、价值观、世界观，引导青年坚定文化自信，才能推动中国特色社会主义文化繁荣兴盛，增强我国文化软实力和全民族齐奋斗跟党走的向心力。

三、实践育人理念在高校"四史"学习中的意蕴

在 2016 年 12 月全国高校思想政治工作会议上，习近平总书记曾强调："要重视实践育人，坚持教育同生产劳动和社会实践相结合，广泛开展各类社会实践。"实践育人不仅是高校人才培养的重要途径，也是强化高校"四史"主题学习教育的重要路径。

在高校"四史"主题教育中，实践环节不仅该是学习阶段的必备环节，还应该是最大环节、主要环节。千年前，祖先们就已经用亲身经历感悟出了"纸上得来终觉浅，绝知此事要躬行"的道理，实践是检验真理的唯一标准，实践也是感悟真理的最佳途径。高校"四史"学习在基层团支部，在青年学子身上落实中，并不是组织几次讲座，召开几次会议，上几堂公开课就能完成学习的，历史在于理解，不在于记忆，精神在于感悟不在于明晰，广大高校学子只有通过实践的方式，将纸上的观点用实践的经历加以验证，佐以思考，从而感悟精神，明晰道理。

总的来说，在高校"四史"学习中，实践育人的意蕴体现在以下几个方面。

第一是导向性，对青年学子而言，最直接最深刻的思想引领就是一场感悟深刻的社会实践，组织一场红色实践，把学生所学"四史"的精神与

主旨和实践内容紧密结合，通过开展各类实践教育活动，从而推动大学生对于学"四史"产生自己的思索与感悟，从而使得青年化"四史"精神内化于心，坚定理想信念，推动青年强化自身民族观、国家观、历史观和文化观，引导青年通过实践把对"四史"的理解和对党和国家的热爱与忠诚相结合。

第二是实践性，高校在以实践育人强化"四史"学习中要同时注重规划青年学生的研学实践，让学生通过实践了解世界万象，通过自身的亲身体验，提高个性特征、实践能力和创新能力，通过服务社会，提升社会责任感等。从而在理论学习和社会实践中，掌握扎实本领，锤炼成既有思想深度又有能力高度，能担当民族复兴大任的时代新人，成为高校培养体系所追求的德智体美劳全面发展的社会主义建设者和接班人。

总的来说，实践育人理念是"四史"学习必须重视的观念。新时代的高校大学生从来没经历过战争的洗礼和国家由穷到富、由弱到强的变革，没有经历过中华民族从站起来到富起来再到强起来的历史阶段，故而青年从书本里学"四史"并不能学到内核，只有以实践的方式研究历史，才能更好地理解中国共产党的历程。将"四史"教育融入高校社会实践工作体系中，发挥实践育人作用，引导学生实践体会与理论学习融会贯通。

四、实践育人推动"四史"学习机制可行性分析

（一）推动"四史"学习，厚植爱国主义情怀

学"四史"，是爱国主义教育的重要组成部分，是以史鉴今、资政育人的重要阵地。社会实践，则是广大青年了解社会，体察国情，感悟规律的重要途径，高校通过组织开展以"四史"学习与探究为主题的红色实践，发挥实践育人作用，进一步引导新时代大学生知史爱国。"四史"的内容有其重点，但总的表达是中国共产党为人民谋幸福，振兴民族，谋求世界团结的实践史。将"四史"教育与社会实践有机结合，从历史和实践两种角度了解中国共产党的优良传统，激发学生的 民族自豪感，

自觉承担使命。

（二）"实践育人"理念的普及

党的十八大以来，以习近平同志为核心的党中央高度重视实践育人工作，强调实践育人是新时代教育和教学工作中的重要载体，是全力推动新时代育人工作迈上新台阶的强大动力。在 2016 年 12 月的全国高校思想政治工作会议上，习近平总书记曾着重强调了社会实践的重要性，并提出了因事而化、因时而进、因势而新"三因"理念。

从 2016 年习总书记的重要讲话，到党的十九大提出"建设教育强国"的宏伟目标，社会实践育人已经成为教育改革的主要理念与方向。社会实践对广大青年学生来说，是除了书本以外的重要的第二课堂，社会实践为青年教育提供了生动鲜活的教育素材。通过社会实践，学生可以把丰富的生活素材引入课堂，引入大脑，形成思考，得出结论。陶行知先生曾说过，生活即教育。让教育回归生活，用开放发展的知识教育学生，让青年从实践中汲取营养，让教育成为充满生命力的活水。

（三）实践缺位影响"四史"学习质量

2012 年 1 月，教育部等部门发布《关于进一步加强高校实践育人工作的若干意见》（以下简称《意见》），《意见》着重强调了实践育人在提升学生的实践能力方面，在学习方面拥有着不可替代性的作用。《意见》还要求各高校要充分认识到实践育人工作的意义与重要性，要结合本校实际和学习需要开展特色鲜明的主题实践活动。

但是，实践育人理念虽然在历次的教育改革中逐渐深入人心，但是在 2020 年开始的"四史"主题学习教育浪潮中，一些高校并没有很好地融入实践育人理念，没有充分认识到实践育人在"四史"学习质量提升中的重要作用，主要存在以下问题。

第一是"四史"学习的唯书本论，部分高校在组织动员广大师生参与"四史"主题学习教育时，在方法和措施上存在不合理的倾向性，在真正落实学生学习"四史",开展学习活动时,为了不影响高校学生本身的专业课成绩,对于"四史"主题学习教育,只是给出几本指导教材和书籍,便以要求学生自学而收场。当然,这种做法还是比较少的,这种组织动员方式对于推动广大学生学习"四史"缺乏必要的引导力,反而会传递给学生一种"此事无关紧要"的错觉。

第二是重成绩轻效果的学习观念,部分高校在"四史"主题学习教育动员中,为了在较短的时间内以较快的速度增进学生对"四史"的了解,采取了定期授课、考察的方式,该方式的确能够在较短的时间内提高学生对党史、新中国史、改革开放史、社会主义发展史的理解度,但是这种效果只会在短时间内存在,会随着时间的推移逐渐淡化,因为"四史"学习并不是靠背出来、考出来的,这种方式才是真正增加了高校学生的课业负担。

第三是重理论学习轻实践教育,相比上一种情况中组织学生定期参加"讲座""会议""集体课"等短期补课式的学习,部分高校则将"四史"主题学习融入了高校思政课教育体系中,根据思政课的教育目标、学年计划和不同年级大学生的学习特点、课业压力而进行"四史"专题教育。以学年为时间轴开展"四史"教育与思政课教学活动,这种长线型的学习教育方式效果是比较可观的,但是该方式虽然做到了日常化、长期化,却无法做到深入化,高校"四史"主题学习教育的最终目的是让广大青年学生通过学习与感悟,深化对历史规律的正确认识,用党和人民的百年奋斗来引导自身成人成才,而深入理解"四史"精神终究还需要学生自行从实践中去感悟体会。

五、充分发挥实践育人作用,提高"四史"学习质量

(一)提高认识,践行实践育人

高校在推进"四史"学习机制健全中,要贯彻实践育人理念,正确引导学生学习观念,动员学生通过自我实践的方式对"四史"学习内容开展

适当的实践调研。实践育人是培养创新型学生的必由之路。从学习上来看，高校学生的创新精神、观察问题的角度、思维方式与处理问题的价值导向等素养与个性的培养都离不开实践教育，高校"四史"学习机制如果离开了实践教育环节，就意味着学生把自身通过各种途径所学的"四史"知识与投身社会实践验证所学所感相分离，把创新型思维方式与正确的历史素养、价值导向的培养与实际运用相分离，就会使高校学生缺乏社会实践能力和理论运用能力，这与新时代中国特色社会主义社会发展需求对高校学生人才培养要求相背离。

（二）整合资源，构建实践育人体系

高校在贯彻实践育人，引导学生通过社会实践的方式学习"四史"、研究"四史"、形成"四史"实践学习机制的过程中，要充分发挥二级学院和共青团组织作用，确定负责主体，多方联动，积极配合，充分整合资源，组织开展以学"四史"、明初心为主题的社会实践活动，积极倡导学生以"四史"学习为方向和角度，确立选题，开展有深度、有成果的实践调研，助力"四史"学习理论研究。高校在推进实践育人"四史"学习机制建设完善时，为了正确发挥引导作用，可以适当确立社会实践"四史"学习专题项目经费，并出台适合本学校自身情况的社会实践与"四史"学习奖励政策，这样不但能激发学生学习的积极性，还能促进学校社会实践项目的发展。

在平台搭建和社会实践载体的构建上，高校要充分考虑现实情况，完善社会实践与"四史"学习衔接流程，社会实践成果转化流程，积极召开学习会、动员会、分享会，高校社会实践工作者和管理机构需要加大宣传力度，扩大学生实践影响力，对于极其优秀或研究成果显著的"四史"学习社会实践项目，需要及时宣传和联系，促进学生学习成果转化，让"四史"实践学习机制真正发挥作用。

（三）创新载体，重视实践育人的时代性与针对性

高校要重视"四史"实践学习平台的构建与创新，紧跟新时代，重视

实践育人的思想引领功能，要主动联系各类实践教学基地、红色故地，积极联动，为学生"四史"学习提供丰富的人文资源、爱国主义教育基地、公益性文化设施、革命老区、农村、社区等众多社会实践资源；要主动创新现有的实践育人资源，发挥二级学院共青团组织的作用，树立创新意识，科学合理地开发出适合本院学生实践特点的"四史"学习实践育人资源和平台。

以中南财经政法大学刑事司法学院星火燎原项目为例，该项目自2017年创建以来，秉持推进红色文化传播为重点，以"奉献、友爱、互助、进步"的志愿者精神为宗旨，鼓励大学生在全国范围内开展以红色历史文化为主题的志愿活动和实践学习活动。经过四年的发展，项目业务范围由单纯的红色文化和革命历史学习为主体的特色志愿活动与实践活动发展为以"红色文化发掘与历史学习社会实践活动"为主体，涵盖志愿活动、团日活动、科研创新、理论宣讲、青年研习等多种方面学习资源的实践育人平台。与此同时，项目团队成立了团支部，充分发挥团支部优势，形成以组织带项目，以团建带项目的形式，扩大活动范围，并积极打造相关文创产品，提升项目价值，为学校学生红色文化学习提供更多的资源与平台。

2020年初，星火燎原项目结合时事，紧跟时代，正式开通"四史"学习实践活动板块，年内累计动员百余只小队共千余人的实践集体前往全国各地，通过走访革命老区，拜访楷模代表，将"四史"学习融入实践中，不但成为学院品牌，而且成为全校师生开展"四史"主题学习教育新平台，其影响力甚至辐射附近高校学生。

六、结语

"四史"无论是哪一部历史，其主线都是中国共产党领导全体人民实现国家富强、民族复兴，为中国人民谋幸福、为世界人民谋大同的历史，而其中共同的历史逻辑就是党的领导。在如今世界百年未有之大变局中，无论是从文化传承角度看，还是从党的执政事业看，或是从新时代中国特色社会主义社会下广大青年学子个人成长看，"四史"学习都是必要的。

动员组织高校学子学习"四史"，践行实践育人，引导学生从实践中把握历史发展的正确轨迹，把握正确的价值导向，有助于加深青年一代对历史规律性的认识和历史必然性的把握，增强心有所信的定力和行稳致远的力量，更好应对"百年未有之大变局"的机遇与挑战。

参考文献

［1］董大伟. 共青团干部如何学"四史"［J］. 中国共青团，2020（16）.

［2］戴伟安，宋超. 学"四史"：明初心 践使命 谋复兴［J］. 支部建设，2020（36）.

［3］李妙婷. "四史"教育融入高校思政课实践教学的路径探析［J］. 大陆桥视野，2020（10）.

［4］陈凯华，徐帆，徐迪静. 提升高校学生党员发展质量的策略研究——基于实践育人的视角［J］. 阜阳职业技术学院学报，2021，32（01）.

［5］张亦男. 新时期高校二级学院团委工作的创新与实践［J］. 产业与科技论坛，2020，19（24）.

［6］四措并举，加强"新兴青年"思想政治引领［J］. 中国共青团，2020（20）.

党建引领构建红色网格的理论机理与实践路径

张黎明[①] 王文静[②] 颜宇攀[③] 陈 功[④]

（中南财经政法大学公共管理学院）

摘 要： 常态化疫情防控背景下，发挥党建的引领作用将更加助益于学生社区治理的网格化、精准化，使得高校行政化管理跳脱出"管理失灵"的梦魇。其制度内涵表现为以下三方面：助力疫情防控，探索学生社区网格化治理创新模式；坚持党建引领，打造常态化疫情防控服务性机制；推进精细管理，建设基层党组织坚强战斗堡垒。其重要意义体现在：落实疫情常态化防控工作，做好决策的"最后一公里"；抓好基层党组织制度建设，巩固基层的社会治理根基；完善学生社区服务体系，品悟实践中的"为人民服务"；发挥基层党员先锋模范作用，提高党组织的群众号召力。关键的三个环节：红色网格高效运转，疫情防控有效推进；基层党建有效加强，提升校园基层服务水平；基层服务精细化，提升学生幸福感。

---

① 张黎明，男，中南财经政法大学公共管理学院本科专职辅导员。此课题属于中南财经政法大学"百年·百项"基层实践项目"党建引领构建红色网格，人民中心彰显时代底色——疫情防控常态化背景下高校学生党支部的作用发挥"的阶段性研究成果。

② 王文静，女，中南财经政法大学公共管理学院本科生。

③ 颜宇攀，女，中南财经政法大学公共管理学院本科生。

④ 陈功，男，中南财经政法大学公共管理学院本科生。

关键词：党建引领；红色网格；网格化治理

一、党建引领构建红色网格的时代背景

（一）建党百年，党建引领树新风

在喜迎中国共产党建党 100 周年、开启全面建设社会主义现代化国家的新征程的历史交会点，对高校立德树人教育提出了更高的要求。高校作为立德树人的重要阵地，其党建工作必须坚持把正确的政治方向贯穿办学育人的全过程。当前，我国高校发展和党的建设工作呈现持续加强、不断向好的态势，党对高校工作的领导进一步加强，理论武装得到进一步深化，领导班子和干部队伍建设质量进一步提升，高校基层党组织建设基础进一步夯实，高层次人才吸引力进一步彰显。

在建党百年来临之际，高校应当从党建角度深入发力，不断提升党的建设工作质量和水平，推动高校高质量发展。要加强党的政治建设，坚持用习近平新时代中国特色社会主义思想武装头脑，牢牢掌握党对高校工作的领导权，努力培养中国特色社会主义建设者和接班人；要突出政治标准精准选好干部，强化整体功能科学配备班子，落实从严要求完善管理机制，加强高校领导班子和干部队伍建设；要完善党组织设置，严格标准、突出重点，抓好发展党员工作，建强党建工作力量，创新活动方式，充分发挥党建引领作用，更好地服务于全省高等教育改革发展；要加大人才引进培育力度，优化人才使用体制机制，营造拴心留人良好环境，推进高层次人才队伍建设；要加强党性党纪教育，强化日常监督，紧盯重点领域整治，推动形成良好育人环境，为社会主义现代化建设提供强有力的人才支撑和智力保障。

（二）精细治理，网格建设提效能

目前我国各高校对于学生社区管理方面都已经初步建立了一些管理机

制，但是因实行时间较短，学校学生管理方面的环境随着社会的发展也有一定的变化，导致学生社区管理机制的理论还不够成熟，存在多方面的不足。一是学生社区管理理念比较落后。目前大部分高校学生社区管理人员的文化素养较低，而且没有接受过专业的培训。因此，在日常的社区管理工作中，没有做到"以人为中心"的服务理念，日常工作也只是对于水电以及生活所需的物品的配备和基本维护。而宿舍区域的工作人员也只是管理进出，不能主动地营造一种社区育人环境，发挥社区的育人功能。二是缺乏人文关怀和个性化服务。学生社区管理制度方面的条条款款众多，一些制度观念较为老套，并且是以禁止性、义务性的条款为主，而缺失学生权利性的条款。另外在管理上的一些惩罚措施也并不合理，会严重降低学生对于社区的认同感，更是难以发挥社区的育人功能。

网格化治理为学生社区精细治理模式提供新的思路。网格化管理是我国城市管理的一种新型模式，并且也慢慢成为我国城市管理的一种重要措施。鉴于网格化城市管理的成功经验，应将这一管理模式应用于学生社区管理中，而要成功地实行学生社区网格化管理必须有科学的管理网络设置、完备的信息技术支持以及完善的体制机制三个要素。首先，进行网格化管理能将学校的有限资源进行整合，实现资源共享、信息实时沟通交流，对学生的需求能够及时地了解掌握，便于对学生进行主动服务以及完善思想政治教育管理，实现学生社区规范且系统化管理，践行"三全育人"的教育理念。其次，将网格化管理应用在学生社区管理中，可以借鉴网格化城市管理的一些成功经验，并且在学术界中也有学者对这一管理模式应用到学生社区管理的管理理论进行了完善，对于学生社区网格化管理的实际应用提供了可行性的理论基础以及可借鉴的经验。最后，实行学生社区网格化管理能够确定好管理目标并在实践中明确，多元管理主体之间相互统筹协调，从而提高社区管理的效率。另外还能发挥出学生的主体地位以及强化学生参与管理的主体意识，提高学生参与到社区管理的积极性和主动性。

（三）防控疫情，基层党员担重任

2020 年年初，一场突如其来的新冠肺炎肆虐全国，全国高校展开抗击疫情的实践。在这个过程中，基层党员发挥中流砥柱的作用，与广大人民群众一同携手抗击病毒，并取得阶段性的胜利。2020 年秋季，全国高校迎来复学潮，高校疫情防控也面临一场"大考"。

2020 年 6 月，教育部印发《在常态化疫情防控中加强高校基层党建"四个一"行动方案》，贯彻落实党中央关于常态化疫情防控的决策部署，充分发挥高校基层党组织战斗堡垒作用和师生党员先锋模范作用，让党旗始终高高飘扬在疫情防控、返校复学、事业发展全过程全方位，引领带动全国高校全面加强基层党建工作，在全国高校内部产生强烈反响。为响应党中央和教育部引导，各高校党组织扎根基层，深入实践，开展一系列基层党建活动，为封闭管理中的学生社区提供贴心细致的服务，保障疫情常态化管理下高校正常教学秩序。前期基层教职工党员的实践为学生党员开展学生社区网格化管理提供了经验借鉴和方法指导，为后续实践开展培育了深厚的土壤。

二、党建引领构建红色网格的制度目的与功能意义

（一）制度目的

1. 助力疫情防控，探索学生社区网格化治理创新模式

如今，我国在疫情防控和经济恢复上已经走在世界前列，各地复工复产，逐步进入疫情防控常态化阶段。以武汉市为例，在各大高校做好各项疫情防控举措之后，学生从全国各地返校，重新开始校园生活。针对疫情防控的现实需要，各高校采取封闭式管理。学生社区，包括"宿舍、食堂、文体活动区域以及宿舍区域的商业服务点"[①] 等，成为学生在校时，除了

---

① 蔡泽瀛，陈玉嫣."党建 +"视域下学生社区网格化管理模式研究［J］. 法制与社会，2020（18）：163-164.

课堂教室的主要学习、生活场所。习近平总书记在 2020 年 9 月 17 日的基层代表座谈会上强调，要加强基层党组织和基层政权建设，强化网格化管理和服务。①网格化管理作为我国城市管理领域的一个新型模式，正在成为我国城市管理的重要举措。结合我国学生社区疫情常态化防控的现实背景与要求，将网格化治理模式应用于学生社区，推动学生社区治理精细化，可以有效实现疫情的精准防控。本项目积极响应习总书记对于"强化网格化管理和服务"的指示，以位于武汉市的中南财经政法大学为实践地点，探索将网格化治理的模式应用于学生社区的常态化治理的可行性，并尝试于实践中创新社区网格化治理的具体模式。

2. 坚持党建引领，打造常态化疫情防控服务性机制

中国共产党是一支全心全意为人民服务的队伍，始终坚持贯彻以人民为中心的发展思想。习近平总书记曾指出"严密的组织体系，是马克思主义政党的优势所在、力量所在。②"坚持党对一切工作的领导是推进新时代中国特色社会主义事业的根本保证。在新冠肺炎疫情暴发时，党"一开始就鲜明提出把人民生命安全和身体健康放在第一位"③。党的十八届三中全会强调"以网格化管理、社会化服务为方向，健全基层综合服务管理平台"，在疫情阻击阶段，"我国基层社区基本上构建了网格化的治理机制"④。如今，我国疫情已经基本进入常态化防控阶段，各社区对于常态化疫情防控人员存在较大需求。在现阶段，基层党组织应进一步正确处理好服务与管理的关系，贯彻实践党的"为人民服务"的初心与使命。本项目在疫情防控常态化的背景下，基于中南大基层学生党组织的具体实践，

---

① 习近平在基层代表座谈会上的讲话，来源：人民网 – 人民日报，2020-9-20，具体网址链接为：http://jhsjk.people.cn/article/31867961.

② 习近平关于《贯彻落实新时代党的组织路线 不断把党建设得更加坚强有力》的讲话，来源：《求是》，2020-7-31，具体网址链接为：http://jhsjk.people.cn/article/31805844.

③ 习近平在基层代表座谈会上的讲话，来源：人民网 – 人民日报，2020-9-20，具体网址链接为：http://jhsjk.people.cn/article/31867961.

④ 疫情防控要用好社区网格化管理，向春玲，2020-02-10，来源：学习时报，具体网址链接为：http://theory.people.com.cn/n1/2020/0210/c40531-31578754.html.

强调党建引领，组建服务性团队，更加聚焦学生群众普遍关心关注的民生问题，采取更具针对性的解决措施，打造服务性质的网格化社区治理机制，寓管理于服务中，管理中体现服务。

3. 推进精细管理，建设基层党组织坚强战斗堡垒

党的十八大以来，中国共产党一直对党的建设采取高度重视的态度，建立完善了包括党的中央组织、地方组织、基层组织在内的严密组织体系。习近平总书记在 2020 年 7 月 1 日，中国共产党成立 99 周年之际，发表讲话，强调："要坚持大抓基层的鲜明导向，持续整顿软弱涣散基层党组织，有效实现党的组织和党的工作全覆盖，抓紧补齐基层党组织领导基层治理的各种短板，把各领域基层党组织建设成为实现党的领导的坚强战斗堡垒。"[1]基层党组织作为贯彻落实党中央决策的"最后一公里"。本项目凝聚学生党员力量，对校园学生社群采取网格化治理模式，精细化推进社区管理实践，尝试于实践中锻炼补齐基层学生党组织的基层治理短板，发挥党员同志的先锋模范作用，将基层党组织建设成为抗疫常态化工作中的坚强战斗堡垒，保卫人民群众的生命安全与身体健康，有效实现党的领导和党的常态化疫情防控工作全覆盖。

（二）功能意义

1. 落实疫情常态化防控工作，做好决策的"最后一公里"

习近平总书记在全国抗击新冠肺炎疫情表彰大会上，曾明确要求我们毫不放松地抓好常态化疫情防控工作，奋力夺取抗疫斗争全面胜利。[2]基层党组织作为贯彻落实党中央决策部署的"最后一公里"[3]，在疫情常态化防控，严防疫情反弹的任务中负有重要责任。只有认真贯彻落实党中央

---

① 习近平关于《贯彻落实新时代党的组织路线 不断把党建得更加坚强有力》的讲话，来源：《求是》，2020-7-31，具体网址链接为：http://jhsjk.people.cn/article/31805844.

② 习近平在全国抗击新冠肺炎疫情表彰大会上的讲话，来源：人民网－人民日报，2020-09-08，具体网址链接：http://jhsjk.people.cn/article/31854333.

③ 习近平关于《贯彻落实新时代党的组织路线 不断把党建得更加坚强有力》的讲话，来源：《求是》，2020-7-31，具体网址链接为：http://jhsjk.people.cn/article/31805844.

决策部署的"最后一公里"，坚决执行党中央的政策要求，有效实现党的工作在基层的全覆盖，才能使得党中央"如身使臂，如臂使指"。本项目针对基层疫情常态化防控的现实需求，组织基层党员队伍投身所在社区的疫情防控工作，认真贯彻党中央对于现期疫情防控工作的要求，落实决策的"最后一公里"工作，有助于将基层党组织建设成为实现党的领导的坚强战斗堡垒，形成上下一心，执行有力的严密组织体系。

2. 抓好基层党组织制度建设，巩固基层的社会治理根基

新时代下，党的组织路线强调"以组织体系建设为重点"。习近平在基层代表座谈会上的讲话中，明确指出"只有把基层党组织建设强、把基层政权巩固好，中国特色社会主义的根基才能稳固"[①]。基础不牢，地动山摇。本项目参与成员为中南财经政法大学公共管理学院本科 2018 级学生党员，他们入党时间尚短，借此实践机会，有助于强化其基层党组织制度观念，在实践中发展质量，加强党员教育管理，增强基层党组织领导基层治理的能力，抓好基层党组织制度建设，巩固基层的社会治理根基。

3. 完善学生社区服务体系，品悟实践中的"为人民服务"

人民对美好生活的向往是中国共产党始终不渝的奋斗目标，"为人民服务"是中国共产党的宗旨，也成为许多优秀共产党员的入党初心。习近平曾发表重要讲话，要求："始终要把人民放在心中最高的位置，始终全心全意为人民服务，始终为人民利益和幸福而努力工作。"[②] 如今进入疫情常态化防控阶段，武汉各高校采取封闭管理的模式，学生社区成为众多高校学生的日常主要活动场所，完善学生社区服务体系成为当前背景下的群众需求与现实需要。本项目凝聚基层党员力量，完善学生社区服务体系，聚焦群众普遍关心关注的方面，有助于提升学生生活幸福感，使得基层党员在实践与行动中品悟"为人民服务"，切实体现我们党以人民为中心的

---

① 习近平在基层代表座谈会上的讲话，来源：人民网－人民日报，2020–9–20，具体网址链接为：http://jhsjk.people.cn/article/31867961.

② 习近平在第十三届全国人民代表大会第一次会议上的讲话，来源：人民网－人民日报，2018–3–20，具体网址链接：http://jhsjk.people.cn/article/29879544.

思想。

4. 发挥基层党员先锋模范作用，提高党组织的群众号召力

在对抗击新冠肺炎疫情的伟大实践中，党中央号召全党"让党旗在防控疫情斗争第一线高高飘扬"[①]，抗疫斗争中，广大党员不忘初心、牢记使命，充分发挥了先锋模范作用。如今已经到了疫情防控的常态化防控阶段，防控疫情中，还需要持续努力，慎终如始，再接再厉。本项实践，在学生社区的常态化防控工作中，可以进一步发挥基层党员的先锋模范作用，外防输入、内防反弹，实现常态化精准防控与局部应急处置有机结合，夺取抗疫斗争的全面胜利。让基层党员真正走进群众，密切联系群众，进一步巩固党的群众基础，提供党组织的群众号召力，有助于把广大群众紧紧团结在党的周围。

三、党建引领构建红色网格的制度内涵

（一）针对学生社区摸底排查，厘清学生社区的现状

学生社区是大学生学习、生活的重要场所，是学生在课堂学习之外的学习和生活场所，主要是以学生的宿舍、食堂、文体活动区域以及宿舍区域的商业服务点为主。学生社区是深入进行大学生思想政治教育的重要阵地，是"三全育人"的重要堡垒。社区网格化管理是一种新型的城市管理模式，将网格内的资源统筹规划，实现共同推进。2020 年 6 月，教育部发布的《在常态化疫情防控中加强高校基层党建"四个一"行动方案》指出，疫情防控期间，高校应当构筑"红色防火墙"，高校各级党组织通过设立党员先锋岗、签订党员责任状、组织党员突击队、开展党员立项攻关等形式，推进党建网格化引领学生社区治理精细化，抓紧抓细抓实开学复课各项工作，全力保障在线教学高质量进行，集中开展疫情防控科研攻关，做

---

① 习近平在全国抗击新冠肺炎疫情表彰大会上的讲话，来源：人民网 – 人民日报，2020–09–08，具体网址链接：http://jhsjk.people.cn/article/31854333.

好"疫后综合征"分析研判和对策研究，有效防范化解突出风险，努力实现 2020 年教育改革发展目标任务[①]。在这样的背景下，基层学生党组织应主动承担责任，融入人民群众抗击新冠肺炎疫情的实践中，发挥基层党组织战斗堡垒和党员先锋模范带头作用，为学生生命安全保驾护航。

疫情发生后，中南大紧紧围绕上级指示，按部就班开展疫情防控工作。2020 年秋季学期，学校迎来学生返校复学工作。为了适应疫情防控常态化的要求，学校针对学生社区制定详细的返校工作安排，包括返校前学生体温监测与健康承诺、针对不同风险级别地区设置不同要求、体温每日三测、出入申请制、网上订餐制、增设出入楼栋测温与身份识别仪器等措施，全面贯彻"非必要不出校"的原则，把好校门关，切实保障学生生命安全。在这个过程中，学校党委组织教职工党员开展志愿活动，为进出教学楼、食堂的同学测温、疏通，保障学校正常教学秩序，维持稳定的教学环境，取得较为显著的成效。与此同时，学校严格把控校内居民与商户出入情况，增设保安岗点，加强人员身份核查与监测工作。在学校各部门与基层党组织、基层党员的努力下，中南大教学秩序井然，学生生活安全便利，生命安全得到极大的保障，疫情防控效果良好。

因此，学生党支部开展疫情防控工作应当首先摸清中南大学生社区的基本情况，对各功能区位置分布、各宿舍区人数分布、学生党员分布、各活动区域疫情防控情况进行全面摸底摸排，为后续网格化管理的实践建立良好的信息基础。相关工作的开展需要获得上级党组织与学校相关部门的支持与配合，在学校允许下合理安排人力物力，组织党支部成员开展迅速高效的信息收集与调研。

（二）防控疫情常态化背景下学生社区主要存在的问题

伴随全校防控疫情常态化，由于学生社区分布广、人数多的特点，使得当前学生社区的治理难度增大，学生在学习生活中问题的数量呈上升趋

---

① 教育部《在常态化疫情防控中加强高校基层党建"四个一"行动方案》。

势，而这些问题的表现也逐渐呈现出多样化和复杂化的特点。当前学生社区内的问题主要集中在校园交通、宿舍内部设施以及校内疫情防控等多个方面。

首先，在交通方面。本学期开学后，学校在多处开展了道路施工建设来满足我校学生对学校内部道路基础设施日益增长的需求。但伴随防控疫情常态化，校园内各个教学楼和办公楼目前大都只开放正门以供学生出入以方便进行体温检测，这使得在上下课期间教学楼的正门以及校内主要道路都人满为患，受施工影响，校园内的学生及车辆都受到了一定程度的限制，这导致在上下课高峰期在学校的主要道路上往往出现密集的学生人群与车辆并行的情况，机动车与学生抢道的情况也时有发生，这使得当前校内交通安全问题正逐渐成为学生所关心的问题。

而目前的交通问题也不仅停留在安全层面，对于部分学生宿舍区来说，也存在交通便捷程度不高的问题。我校目前正在开展雨污分流及海绵化工程一期项目来解决雨天道路积水问题，但在施工过程中需要封闭临湖宿舍区前往学校主要教学区域的部分道路，这使得许多临湖宿舍区学生必须绕行前往学校的教学办公区域，导致临湖宿舍区的学生上下课的交通更加不便，且由于非封闭地区人流量增加，对于该区的交通安全也造成了极大的影响。

其次，在宿舍内部设施方面。受疫情影响，学生宿舍内的许多设施都长久未经使用，在返校后学生宿舍内的部分设施出现了不同程度的损坏无法使用的情况，这些问题主要集中在部分宿舍的门以及部分宿舍的公共浴室中。如中区三栋的公共浴室部分洗澡间机器故障无法使用，而又缺乏及时的修理，这使得在每天浴室的使用高峰期内浴室常常出现"一位难求"的现象，而为了节约时间使用其他楼层的浴室则又增加了其他楼层的问题，在这样的恶性循环下给同学们带来了许多的不方便。

最后，在校内疫情的防控方面。当前，我校为保障学生的健康安全正实施着严格的封闭式疫情防控管理模式，如要求学生在公共场合佩戴口罩，教学楼仅保留个别出口，学生进出公共场所需要测量体温并且在未经允许的情况下，学生不得随意出入校园。这些措施都是为保护学生的健康而考虑制订的，但是在目前的实际执行中仍然出现了许多问题。从学校层面来说，目前各个教学楼的封闭措施导致了学生在一个出入口的大规模聚集，体温仪也可能无法检测到每一位同学的体温情况，而对于许多校内疫情防控的要求也未能及时地向校内同学做出详细的解释。从学生个人角度来说，目前仍有许多学生在公共场所未按照规定佩戴口罩，在进出食堂等公共场所时逃避志愿者体温检测的事也时有发生，最为关键的是：许多学生并不理解校园防疫措施，在节假日期间仍未经允许擅自出入校园，在出现身体不适情况时也未及时上报。以上的问题直接导致校内防疫措施的有效性受损。

以上的种种问题均是在目前情况下校内较为普遍的问题，而这些问题在不同的学生宿舍区或教学场所又均会有不同的表现形式，随着时间的推移，这些问题会更加多样化及复杂化，这必然会影响疫情防控常态化背景下学生的学习与生活。

在当前形势下，我们更应当从"需求侧"入手，通过更加"精细化"的学生社区管理，学生的需求出发，通过划分基层"网格"来更好地收集学生的特殊问题并传达学校的相关意图，真正做到在疫情防控常态化背景下满足学生的需求，实现"需求在网格发现，问题在网格解决"，建立学生与学校之间的高效联系，帮助学校更好地掌握学生的需求，学生更好地理解学校的政策，不断提高学生的幸福感与获得感，促进我校在疫情防控常态化背景下的良性发展。

（三）凝聚学生社区党员力量，开展网格化治理实践

网格化管理，是一种用形象的词汇描述的现代精细化管理模式。网格化管理是指在实际管理中将社区（村庄）或服务对象划分成网格状，网格线的交会点即对应一个基层管理组织，运用当前已有的信息技术对网格内的人、事、物及组织等方面信息进行收集、管理和监控[1]。调查显

---

[1] 蔡泽瀛，陈玉嫣."党建+"视域下学生社区网格化管理模式研究［J］. 法制与社会，2020（18）：163–164.

示，目前我国大学生待在学生社区的时间占其在学校时间的三分之二[①]。因此，学生社区不仅是学生居住、休闲的场所，更是教学活动的延伸，应当充分发挥其育人功能[②]。在这样的背景下，基层党组织对学生社区的精细化管理尤为必要。

1. 党建引领下基层学生党支部开展网格化管理的原则

首先，坚持以人民为中心的核心原则，学习伟大抗疫精神，在实践活动中坚持党建引领。随着高校后勤社会化改革和思想政治教育工作的深入，高校学生社区突破了传统"公寓"概念，成为开展大学生党建及实践育人的有利阵地，有着广阔的平台和深厚潜力。党建引领学生社区网格化管理机制，完善楼栋临时党支部设置，优化学生社区基层组织体系，推动学生社区党建工作组织化、制度化、具体化，对学生社区进行网格化的管理，取得一定成效。在这一过程中，无不彰显着党建引领的正确方向与基层党员以人民为中心的政治定力。

其次，基层学生党组织开展活动要以"大胆创新、服从指挥"为基本准则。青年学生党员有着强烈的创新热情与工作激情，应发挥聪明才智，积极探索学生社区网格化治理的新模式、新路径，提高管理效率和精细化治理水平；但应该注意的是，学生党员年龄较小、资历较浅，实践经验不足，在一些问题的处理上不够成熟、方法不够实际。因此，在开展活动的过程中，基层学生党组织要与上级党组织保持密切联系，时刻汇报实践方向与实践效果，服从上级党组织指挥，时刻坚持以人民为中心的原则，切实为广大人民群众服务。

再次，实现疫情网格防控精细化、信息化、社会化。社区网格化管理的最突出的特点就是把社区按照一定标准细化分成若干"格"以实现分条块管理，从而提高社区服务管理的精细化水平。同时，网格化管理本质上

---

① 樊璐. 政府治理视角下沈阳市全面推行城市社区网格化管理问题研究 [D]. 沈阳师范大学，2016.

② 付佩. 高校新型学生社区的运作：结构功能视角的阐释——以武汉 H 大学学生社区为例 [J]. 华中师范大学研究生学报，2016，23（3）：59-63.

是一种信息化、数字化管理模式，主要运用现代化的互联网技术和数据库，对每一个网格实施动态化、精细化和全方位的管理，高效地满足社区治理和居民的需要。因此，基层学生党组织在开展学生社区网格化管理的实践中应充分利用信息网络技术，将一部分防控工作利于网格的数字化功能来完成，提高工作效率。此外，党的十八届三中全会提出社会治理要坚持系统治理，即"加强党委领导，鼓励和支持社会各方面参与，实现政府治理和社会自我调节、居民自治良性互动"。这就要求基层学生党组织在开展学生社区网格化管理的实践中应积极发动群众力量，吸引更多有能力、有担当的青年学生加入基层治理的实践中，不断提升基层学生党组织的治理能力和学生社区的治理水平。

最后，注重疫情网防控的服务性。服务和管理是社会治理的基本任务。在当前社区疫情网格化管理中，应正确处理管理和服务的关系。管理与服务并不是对立的矛盾体，而是辩证统一体。寓管理于服务之中，在管理中体现服务，在服务中实现管理，二者相辅相成，互相促进。所以，忽视服务、只讲管理，或者脱离管理、空谈服务都是极端和片面的表现。在社区疫情网格化管理中，应注重从管控为主到管理与服务相结合的转变，寓管理于服务之中，用服务的理念去做管理的事情，自然会受到群众的认可，也会取得良好的效果。

2.基层学生党支部开展学生社区网格化管理实施方法

首先，选出学生宿舍"楼栋长"，划分工作"责任田"，实现多部门联动机制。基层学生党组织在上级党组织指导与监督下制订详尽的日程与工作安排，根据学生社区的居住人数与分布情况划分详细网格，对学生社区划分网格员，每个网格下的每栋宿舍楼均选出一名楼栋长，管理所辖楼栋的日常事务，收集相关信息。在这个过程中，网格员与楼栋长需要接受上级党组织与人民群众的双重监督，同时与学校疫情防控指挥中心、校医院、宿教中心、保卫部形成多级联动，共同保卫校园安全，实现学生社区的精细化治理。如图1所示。

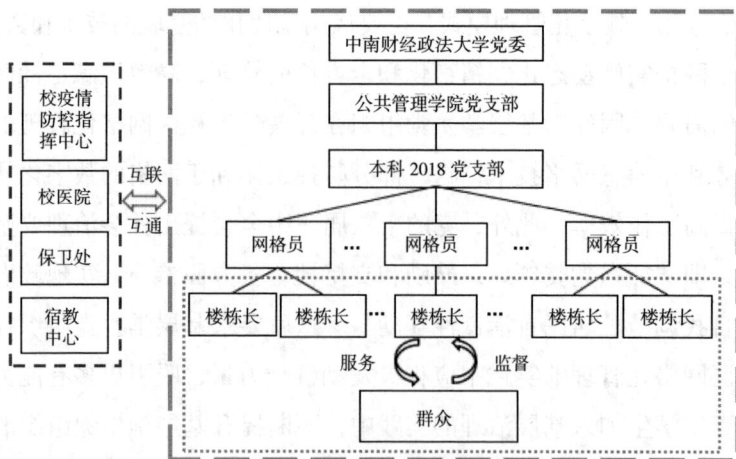

图1　网格划分与多级联动模式示意图

其次，以党建引领，根据网格特点开展特色党建活动。在学生社区党建网格化管理的实践中，各网格员、楼栋长要结合网格的特点，从能解决实际问题的工作着手，从而形成各网格各具特色的党建风格。开展党建活动过程中，要注重基础性、经常性以及灵活性，另外还要注意在重视活动形式多样化的同时保证活动开展的效果。其中，基础性是指要保证基础工作扎实，以各种特色活动为载体，对网格内的党员、积极分子做到全覆盖；经常性是指保证网格内的党建活动定期举行，根据各网格的特色开展一些如"党员献爱心"的特色活动，不仅能加强各网格之间的沟通交流与信息共享，还能增强党建工作的活力。灵活性是指所开展的党建活动要多样灵活且操作性强。可以结合学校的热点内容，以集中和分散相结合、线上线下相结合的形式开展活动。同时，党建活动的开展应当注意结合群众，围绕服务群众、以人民为中心的核心思想，通过了解群众实际需求来解决同学的困难，真正地落实从群众中来到群众中去的工作理念。

再次，以学生社区网格为单位，积极发挥党员先锋模范带头作用。在实行学生社区网格化管理的党建工作中，要明确好各党员的责任范围，可以开展一系列的党员活动。例如可以将各党员所住的宿舍用一些鲜明的标志标记出来，通过这种形式能够强化党员的责任和服务意识。此外，还可以通过每个月评选"社区党员之星",充分发挥党员的先锋模范作用。网格化管理的党建工作,对学生党员的自身发展提供了展示平台,也在无形中加强了党员之间的良性竞争;同时还能带动普通同学,有利于网格内学生的专业知识以及生活水平的提升。

最后,借助现代信息网络技术,打通网格资源壁垒。信息技术是学生社区网格化管理的基础。目前,中南大已具备完善的学生信息管理系统,因此可以借助信息管理系统将学生与所划分的网格对应,提高网格管理效率;同时还可以利用微信等即时沟通平台开通微信网格平台,方便网格内党支部与党员、普通学生之间的沟通交流。普通学生可以利用通信工具、电脑等在平台上给予建议、提出诉求,网格内党支部也可以利用通信系统与现有的党员工作人员迅速取得联系,实现党员群众在网络平台内进行交流学习①,从而搭建起信息化服务及沟通平台,打通网格资源壁垒,在建设宿舍文明、团支部、学院科研以及推进学生就业等方面发挥积极作用,形成党群良性互动模式。

四、党建引领构建红色网格的实施路径

(一)红色网格高效运转,疫情防控有效推进

当前,我国的疫情形势已得到有效控制,但全国的疫情防控仍不能大意,防止疫情第二次暴发的任务仍任重而道远,习近平总书记在多个重要场合强调"全国疫情防控常态化"可见当前疫情防控对于全面健康的重要性,面对疫情防控常态化的要求,各大高校目前也都已采取封闭式管理模式,而校园内学生数量多,分布广,疫情防控任务量巨大,因此,面对校园疫情防控更需要从学生端入手。本次基层党建网格化实践活动,着眼于学生社区网格化,将根据宿舍区分布及楼栋位置等因素,将学校划分为多个红色网格,每个网格均有学生党员入驻,党员同学将配合学校疫情防控

---

① 陈鹏. 城市网格化管理与居民自治的复合治理机制研究［D］. 华中师范大学,2014.

要求，以网格为单位收集每位学生的健康状况，并在各个红色网格之间建立一个完整的联系网，使整个学校形成一个完整的"红色联盟片区"，实现网格间信息共享，共同听从学校的统一指挥，实现在校园疫情防控中协同合作。伴随红色网格的高效运转，相信我校的疫情防控将更加有效。

（二）基层党建有效加强，提升校园基层服务水平

自党的十八大以来，习近平总书记多次强调要发挥"基层党组织的战斗堡垒作用"，在2020年建党99周年之际，习近平总书记又再次强调要充分发挥基层党组织在基层治理中的领导作用。当前伴随着校园疫情防控的常态化，对于学校基层的治理水平亟须提升。本次基层党建网格化实践，将充分利用大学生党员的先锋带头作用，将由学生推选出来的大学生党员，投入为学生服务的实践活动中，实现了真正"从群众中来，到群众中去"。每个网格入驻学生党员，将党的路线、方针和政策切实地带到基层的每一名同学身边，让每位同学都能够切实地感受到党的政策带来的温暖，也能使每一位同学更加爱党爱国，而每一位同学的诉求也将由党员收集并向上级传达。而这些大学生党员不仅会在网格中扮演"宣传员"与"信息员"的角色，他们也将成为学校在每个基层网格中最勤劳的"处理员"。每位大学生党员在网格中也将切实处理好学生的问题，能够在基层网格解决的问题就在基层解决，真正做到"人在格上，事在格中"，实现中国共产党为人民服务的宗旨，帮助我校基层党建及基层治理迈向新的台阶。

（三）基层服务精细化，提升学生幸福感

习近平总书记在党的十九大报告中明确提出"中国共产党的领导是中国特色社会主义制度的最大优势"，在基层服务中，党员凭借其先锋模范作用，聚焦人民的根本利益切实提升了广大中国人民的幸福感与获得感。本次实践活动，党员深入同学们的身边，让党员同学真正深入为每位同学服务的实践中，解答同学们的疑问，倾听同学们的诉求，从需求端入手，实现"需求在网格发现"，真正做到满足学生的需求，切实提升学生的获

得感。每位党员在基层红色网格将扮演学校最贴心的"志愿者"的角色，既配合学校在学校基层的防疫工作，也充当校园基层最前线的"服务员"，将学生的需求及时解决，基层网格中出现的问题及时上报，多个网格携手合作解决困难问题，切实维护好学生的权益，实现"问题在网格中解决"，让大学生党员真正做到为自己的同学服务，提升每位学生党员的个人素养，维护学校的形象，实现学校基层服务"精细化"，让每位同学都能在基层的红色网格中收获满满的幸福感与安全感。

第三部分

「五育」并举探索与实践

基于大学生行为模式的价值观培育体系构建研究

——以中南财经政法大学为例

胡　瑢　林宗海　李扬帆　李　涵

（中南财经政法大学统计与数学学院）

摘　要：习近平总书记在全国高校思政会议上指出，"做好高校思想政治工作，要因事而化、因时而进、因势而新"。针对目前高校思政工作面临的新形势新问题新任务，"大数据"研究可以通过学生数据，综合分析思想动态、群体特征、学习现状、成长需求，并根据数据分析结果构建具有针对性的培育体系，有助于当前高校思政工作能力和水平的提升。本研究以中南财经政法大学本科学生群体为样本，利用该学校各部门提供的校园数据构建数据网络，并结合问卷数据和网络内容进行综合数据分析。通过大数据方法获取学生在日常生活、学习、发展规划和疫情期间动态四部分行为模式的基本情况和特征，并通过理论分析深入探究相关影响，最终提出"三维一特"的价值观培育体系。

关键词：行为模式特征；价值观培育；疫情影响

习近平总书记在全国高校思政会议上指出："做好高校思想政治工作，要因事而化、因时而进、因势而新。要遵循思想政治工作规律，遵循教书育人规律，遵循学生成长规律，不断提高工作能力和水平。要运用新媒体新技术使工作活起来，推动思想政治工作传统优势同信息技术高度融合，增强时代感和吸引力。"在中共中央政治局第十四次集体学习讲话中又强调："要深入研究当代青年成长成才的特点和规律，了解青年优势和弱点，引导广大青年把树立远大理想和脚踏实地统一起来，引导社会各方面关心青年、服务青年，积极做好青年工作，为广大青年成长成才、创新创业营造良好环境。"

进入互联网时代，随着高等教育改革的进一步深入和素质教育的推行和实践，高校共青团工作职能也在不断地扩展和延伸，但目前高校共青团工作对学生情况的了解与思考并不能完全满足工作职能的实际需求，存在对学生个性化思想特征认识不足、学生数据信息碎片化、问题研究缺乏数据支撑等问题。

针对目前高校思政工作面临的新形势新问题新任务，"大数据"研究具有一定的优势，通过学生数据，综合分析思想动态、群体特征、学习现状、成长需求等方面具有实际意义，符合目前的高校思政工作的实际需求，并根据数据分析结果构建具有针对性的培育体系有助于当前高校思政工作能力和水平的提升。

本研究以该校本科学生群体为样本，从学生的行为模式出发，通过大数据方式科学、客观、精准地调查了解在校学生基本现状和成长需求，获取学生在日常生活、学习、发展规划三个维度行为模式的基本情况和特征。此外，本研究还结合 2020 年疫情的特殊情况，增加了关于疫情期间学生生活思想动态的研究，有针对性地提出了"三维一特"的大学生价值观培育体系构建思路。

一、当代大学生行为模式特征

本研究根据学生日常生活、学习、发展规划三个行为模式维度特征和疫情影响这一特殊情况实现对学生思想动态的解析，从而获得当代大学生行为模式特征。

（一）日常生活行为模式主要特征

本研究从学生日常生活行为切入，围绕信息获取、消费习惯、课余生活、压力来源、社交活动五个角度全方位了解其相关特征。

1. 面对多样化网络信息来源，青年学生有一定的媒介批判能力

数据表明，青年学生获取网络信息途径多样，以微博（60.11%）、微信（61.39%）、QQ（59.38%）、知乎（32.75%）等社会化媒体为主，对国内综合性新闻网站（17.87%）及政府、学校等单位网页（5.40%）、国外网络渠道（3.76%）关注较少。对于多样化的信息来源，青年学生有一定的媒介批判能力，对各级政府部门通告（89.72%）、《人民日报》等各级官方媒体消息（89.72%）等官方媒体信任度较高；对朋友圈、微博（5.93%）和所谓"网络大V"（2.93%）提供的良莠不齐的信息信任度较低。青年学生对社会焦点、热点有较高的关注，调研数据显示，最受关注的三类新闻信息为国内时政类（56.25%）、国际时政类（46.99%）、社会民生类（50.10%）。如图1所示。

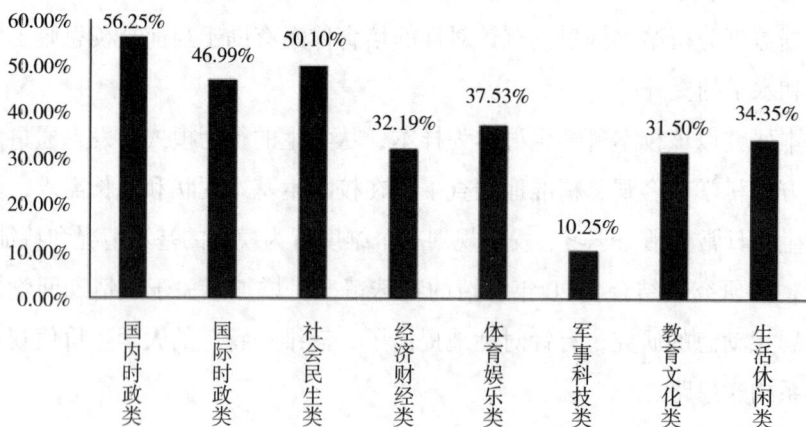

图1　学生最关注媒体类别

2. 休闲生活总体健康，阅读习惯有待培养

从总体上看，学生的休闲生活较为健康，多数学生面对游戏和综艺有一定的自制力，89.19%的学生每周打游戏的时间少于10个小时，91.89%

的学生每周看综艺时间少于 10 个小时；绝大多数学生每周坚持运动，有 47.97% 的学生每周运动次数大于 3 次。但学生阅读量较少，在教科书及相关教辅书之外，每年读书超过 10 本的学生仅占 20.27%；近八成（77.77%）的学生每周读书时间不到两个小时，学生的阅读习惯有待进一步培养。

3. 定期与父母沟通，社交是生活重要组成部分

调查显示，家人、朋友在学生的生活中占据了重要位置：绝大多数学生与父母保持规律的联系，超过半数（62.16%）的学生每周与父母通话视频 2～4 次；近乎全部（97.3%）学生拥有知心朋友。而在对社交时间（包括通过微信与朋友聊天）的调查中，有 44.59% 的学生每周社交时间在 5～10 个小时，29.73% 的学生每周社交时间为 5 个小时以上。这表明社交仍是中南大青年学生生活的重要部分。

（二）学生学习行为模式的主要特征

在学习行为模式上，本研究针对性地关注了关于学生学习动态的几大热点内容，调研了学生成绩排位、成绩满意度、学生干部认知和学业压力等方面的情况。

1. 整体分数较高，但成绩满意度较低

根据该校 2019 年的数据，学生整体分数较高，主要集中在 85～90 分区间段（40.91%），90～95 分区间段占比 15.61%，95 分以上占比有 0.32%。但学生整体满意度较低，超四成（45.27%）学生对自身成绩不满意。根据与成绩排位的匹配，成绩区间在专业 50%～70% 之间的学生对自身成绩的不满意程度最高，这个群体的学生往往有继续升学深造的需求，但往往因为一些因素导致成绩落后。

2. 学业压力来源广，考试成主要因素

根据 2019 年的相关调查，该校 90.23% 学生将学业压力列为自己最主要的压力来源。与校内考试成绩相关的压力覆盖面最广，主要包括通过考试（73.65%）、排名竞争（64.19%）以及达到绩点要求（53.38%），这也与目前大学生继续升学深造意愿增加及升学难度增大的趋势有关。而科

研、考证及课外考试带来的压力目前占比较小，分别占比 13.5%、12.84% 和 6.08%，说明目前这三个方面并不是大学生主要烦恼的内容，这也与这三个方面在大学生活中占比较小相关。

3. 担任学生干部最主要收获为能力锻炼

根据 2019 年的数据，该校 69.73% 的学生有过担任学生干部的经验。大部分学生干部都有较强的参与收获感，最主要的收获为对能力的锻炼，占比 84.46%，除此之外学生表示在这一段经历中也认识了朋友（52.03%），获得了资源（25.00%），收获了美好回忆（17.57%）。仅仅有少部分人（4.72%）认为这段经历浪费了自己的时间精力，这一现象可能来源于没有找准自己的定位或兴趣爱好。

（三）学生发展规划行为模式的主要特征

本研究围绕学生科研主题、志愿服务活动参与情况、毕业去向和自我认识情况四个角度全方位了解学生的自身发展和规划动态的特征。

1. 科研参与度较高，关注时事热点

该校的科研学习氛围浓厚，科研学术竞赛参与度达到了 65.54%，16.89% 的学生积极参与了多个项目，有 4.05% 的学生在其中得到了不错的成绩，这充分显现了青年学生对科研竞赛的热爱。另外，通过对该校 2015—2018 年间学术竞赛的选题进行爬虫分析，发现相关研究都紧紧跟随"互联网 +"发展的趋势，且结合国家政策、企业发展、法律建设等方面，"平台""政策""扶贫""企业"出现的频率较高。

2. 热衷志愿服务活动

2019 年的相关调查显示，该校全体学生的平均信用工时已经达到了 10.58 个小时，新生注册志愿者比例为 80.18%，一星级（参加志愿服务时间累计达到 100 个小时的，认定为"一星志愿者"）及以上星级志愿者比例为 4.502%。最新的问卷调查结果显示，在校学生的志愿活动参与度达到了 81.08%，大部分（59.46%）学生的服务频率为每月一次及以上。通过对该校志愿汇平台的爬虫分析，可以看到"校园、课堂、文化、普法、少数

民族、养老院"等主题出现频繁。而根据最新的调查问卷,66.89%的学生参与的志愿服务活动的主题为社区帮扶,56.08%的学生参与的主题为校园建设。青年学生参与的志愿服务主要在于关切身边需要,围绕校园和附近社区开展相关的关爱活动。如图2所示。

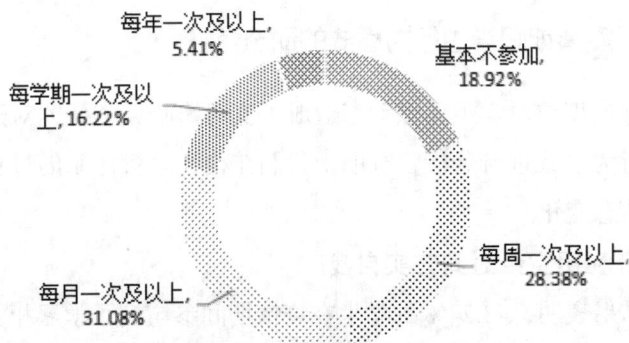

图2 学生参与志愿服务活动的频率情况

3. 读研升学深造已经成为学生发展规划新趋势

数据显示,该校本科毕业生的升学率和出国率整体呈现上升的趋势,2019年的升学和出国总人数更是接近了毕业生人数的一半。最新的问卷数据表明,62.16%的学生将考研升学作为自己的毕业去向选择,19.59%的学生正朝着保研升学的目标努力着,7.43%的学生将出国深造作为自己的目标。此外,同学们对于参军、选调、西部计划、大学生村官等选择的热情度不高,选择比例均低于5%。如表1所示。

表1 近几年该校本科毕业生升学率和出国率情况

年份	升学率	出国率
2019	21.12%	27.79%
2018	21.97%	22.49%
2017	20.76%	17.53%
2016	18.39%	16.87%
2015	18.74%	14.61%
2014	17.46%	12.26%

4. 自身发展规划认识整体清晰

青年学生对自身发展规划的认知较为清晰。总体来看,43.92%的学生基本明确自己的目标，30.40% 的学生已有大致分步规划和明确执行计划。随着学习的积累，学生对自身规划逐步提升，大一至大四学生对自己的毕业去向有明确规划和执行计划的比例分别为 18.92%、27.05%、32% 和 49.9%。

（四）疫情期间学生行为模式的动态特征

新冠肺炎疫情对学生思想动态造成了实时影响，本研究对这一特殊时期的学生行为模式进行分析，有助于我们在构建培育体系的过程中考虑现实环境的动态变化。

1. 充分利用空余时间充实自我

问卷结果表明，43.24% 的学生在疫情期间参与到了学习相关专业技能中，此外，还有 35.14% 的学生利用其在家时间为父母们分担家务，并分别有 25.00%、17.57% 和 12.16% 的学生参与到了志愿服务活动、专业实习活动和外出旅游等活动中。如图 3 所示。

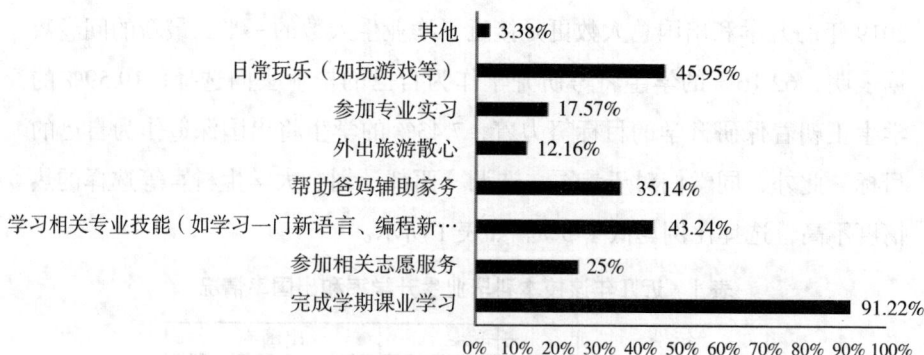

图 3　学生在疫情期间的生活安排情况

2. 生活作息较为散漫，学习情况有所放松

在生活作息和学习上，有 33.78% 的学生未能做到健康作息，生活节奏比较散漫；有 62.84% 的学生基本做到固定作息，但这部分学生中仅有不到半数（40.87%）能安排好自己的学习和生活，大部分（68.24%）的学生认为疫情期间在家的学习情况相比在校有所放松。

二、价值观培育体系构建建议

本部分基于前文思想动态的解析结论，结合现有的一系列相关研究和笔者多年参与思政教育工作的经验，最终提出"三维一特"的价值观培育体系构建思路。

（一）基于学生日常生活行为模式维度的价值观培育思路

1. 把握传播主动权，提高学生媒介阅读素养

大学生认知水平的不足和社会阅历的欠缺，在面对深层次、复杂性问题时缺乏一定的思辨能力，因此，高校需要通过媒介素养教育加强学生对信息的选择能力、质疑能力、理解能力、评估能力以及思辨能力。与此同时，高校应积极把握传播主动权。对于青年人阅读率低下、阅读量减少的情况，高校必须足够重视。尊重青年学生"碎片化"阅读的现状，引导青年学生充分利用"碎片化"时间拓展阅读。开展各类读书交流活动，鼓励青年学生开阔视野，发现读书的乐趣。

2. 注重学生心理问题疏解

大学生心理健康教育工作是高校学生思想政治教育工作的重点。高校应该多角度、多维度地深入了解每一位学生的思想状况，开展心理普查，建立心理档案，重点跟踪关注需要重点帮扶的对象。高校要注重对教师共情力以及同理心的培养，充分理解和接纳学生，帮助学生克服消极认知。

（二）基于学生学习行为模式维度的价值观培育思路

1. 做好入学规划指导，观念引导促进压力缓解

高校应当在大学生入学时为新生做好入学规划指导，指导新生制订大学生活计划，从而能够让学生更加清晰和专注自己的目标。当前在大学校园内"内卷"现象严重，非理性的内部竞争导致大学生对于绩点疯狂追求，巨大的升学压力已成为当代学生的主要压力。因此，我们应引导学生形成正确的竞争观念，鼓励学生更多重视学习的过程和学习中的收获，重视自

身多元化发展。

2. 学生干部的角色认知和培养

当前，部分学生干部表现出政治意识淡薄、工作动机功利化、服务根基不牢等问题。因此，当前高校应指导学生干部处理好奉献与荣誉、学习与工作、管理与服务和个人与集体这四大关系，逐步增强学生干部的整体素质和工作能力。

（三）基于学生发展规划行为模式维度的价值观培育思路

1. 利用科研促进学生时事认知

随着时代的发展，时事、政治信息的可接触性越来越高，大学生的时政参与意识、参与实践和参与能力也都相应地发生了变化。我们应充分利用好相关的学生科研项目，调动学生关注时事政治的积极性，并能让学生在完成项目过程中加深对相关时事的认知，加深对所学理论的理解和对政策的感性认识。

2. 加强志愿服务主题指导

志愿服务活动作为多彩校园生活的组成部分，对学生的发展规划有着深远的影响。我们应结合"第二课堂"对大学生志愿服务的要求，加强对志愿服务活动的整体统筹和细化管理，加强学生志愿服务指导，逐步构建贴近生活、关注热点、特色鲜明的一系列志愿服务活动，在全校形成"人人参与"的志愿服务氛围，充分展现当代大学生积极向上的精神面貌。

3. 关注考研学生动态

读研升学深造已经成为高校学生发展规划新趋势，我们的思政工作需要根据新趋势做出新调整。我们需要根据高年级的考研学生制订新的工作思路，主要可以围绕考研前、考研中期和考研后期三个阶段开展，通过动员大会、考研信息分析、日常关怀等形式使考研学生在心灵和情感上受到巨大鼓舞，坚定考研信念，增强考研动力，也促进了师生之间的情感表达和交流。

（四）新冠肺炎疫情下学生价值观培育思路

1. 丰富疫情期间学生课余生活

新学期开学后，受新冠肺炎疫情影响，课余活动的范围和内容受到了一定的限制，部分学生表现出了消极情绪。对此，我们可以充分调用校园资源，为学生创新提供一系列丰富的课余活动，比如近期各高校新推出的"校园广场舞""校园露天电影院"等课余活动，并可以结合相关主题开展学术竞赛、志愿服务、体育竞赛等活动来充实学生的课余生活。

2. 构建网络思想政治教育实践体系

面对新冠肺炎重大疫情，在线下思想政治教育无法有效开展的情况下，网络思想政治教育不可替代的重要性更加凸显。各高校应该围绕加强网络思政队伍建设、增强高校舆论管理、落实心理指导等方面有序开展网络思政教育工作，从而进一步凸显高校网络思想政治教育在疫情期间的优势。

参考文献

［1］金培玲. 高校大学生社会主义核心价值观培育的时代特征及策略分析［J］. 中国多媒体与网络教学学报（上旬刊），2020（09）.

［2］许桂芳. 新时代青年价值观培育的逻辑理路与实践路径［J］. 教育学术月刊，2020（08）.

［3］谭燕瑜，唐凡茗，赵志恒. 课程思政视角下大学生社会主义核心价值观培育的创新机制与方法研究［J］. 教育教学论坛，2020（26）.

［4］彭容容，唐忠宝，朱以财. 高校网络思想政治教育应对新冠肺炎重大疫情的策略论析［J］. 高校辅导员，2020（02）.

［5］李艳春. 角色认知视域下高校学生干部培养探析［J］. 科教导刊（中旬刊），2019（12）.

［6］李青，肖鹏. 当代大学生考研工作的创新方法及实践［J］. 科教导刊（下旬），2015（12）.

高校团学活动"五育并举"模式路径探析

陈　盈　胡警文

（中南财经政法大学统计与数学学院）

摘　要： 新发展阶段的新形势对我国人才评价、选拔和培养提出了新的要求。高校团学活动"五育并举"模式是应对新情况、解决新问题的重要举措，是共青团作为党的助手和后备军为推进高等教育治理体系和治理能力现代化、建设教育强国的重要抓手。探析高校团学活动"五育并举"模式路径，是响应党对教育的战略部署、强化团学活动"五育"实效、提升学生综合素质能力之需。当前高校团学活动"五育并举"模式仍存在"智育独大""五育分裂"、学生功利"内卷"、育人职责偏离等问题。形成"五育并举"价值共识、整体筹划"五育"活动、优化"五育"评价机制、坚定"育人"初心使命是高校团学活动"五育并举"的应有之义。

关键词： 五育并举；团学活动；育人

当前，我国教育正转向高质量发展阶段，教育改革发展外部环境和宏观政策环境的深刻变化对高等教育提出了更高要求。习近平总书记在系列重要讲话中多次强调，要培养德智体美劳全面发展的社会主义建设者和接班人，努力构建德智体美劳全面培养的教育体系，"五育并举"育人模式是高校教育改革路上的现实目标及内在要求。

团学工作作为高校开展思想政治教育的重要内容，以团学活动为主要形式。团学活动主要是以特有的组织形式开展学生教育，在发挥学生主观能动性、促进素质教育等方面具有不可比拟的优势。新形势下促进高校团学活动与"五育并举"育人模式的结合，有利于提升育人质量，进而有利于培育德智体美劳全面发展的社会主义建设者和接班人。

一、现下所需：探析高校团学活动"五育并举"模式路径的时代价值

在新背景、新格局、新形势下，探析高校团学活动"五育并举"模式具有其独特价值和意义。

（一）响应党对教育的战略部署之需

教育是国之大计、党之大计，是贯彻落实党的教育方针要紧紧把握新时代党的中心任务，党的十八大以来，中国特色社会主义进入新时代，确立了"两个一百年"和中国梦的奋斗目标，新时代为"五育"赋予新内涵。2015年，教育部、共青团中央、全国少工委出台《关于加强中小学劳动教育的意见》，提出了劳动教育的培养目标和工作目标，强调"通过劳动的教育"强化其他四育，达到"树德、增智、强体、育美、创新"的效果"。[1]促进学生德智体美劳全面发展。2019年7月，教育部出台《关于深化教育教学改革全面提高义务教育质量的意见》，将劳动教育纳入全面培养的教育体系，正式提出"五育并举"的教育方针。2020年中共中央、国务院印发了新中国第一个关于教育评价系统改革的政策文件——《深化新时代教育评价改革总体方案》明确"五育"并举评价的路径成为实践导向，首次分条对德体美劳四育的具体评价路径和内容进行规定和要求，赋予德育、体育、美育、劳动教育与智育同等重要的地位。作为高校共青团工作者，要牢牢把握住党和国家的教育方针，紧紧围绕国家高等教育工作中心，为建设教育强国贡献青春智慧。

（二）强化团学活动"五育"实效之需

培育人才是高校的基本任务，也是高校共青团的基本任务。发挥好共青团生力军的作用，坚定不移地将育人作为自身的本职主业，全力以赴为党立德树人，是团学活动的重要职能。作为共青团引领青年、联系青年的重要载体，团学活动在开展的过程中必须紧紧抓住育人这一主线，将服务青年成长成才，培育社会主义建设者和接班人作为重心。"五育并举"要求培养德智体美劳全面发展的社会主义建设者和接班人，将"五育并举"这一理念融入各项团学活动的全方位、全过程，有利于强化团学活动的价值导向，能充分展现高校团学活动的思想性、学术性、文化性、娱乐性，有助于各项活动的深入开展，将团学活动做实，做活，提升活动的吸引力以及参与度，切实服务学生成长，充分展现共青团在助力高校培养高素质、高水平人才过程中发挥的重要的作用。

（三）提升学生综合素质能力之需

在应试教育背景下，许多青年学生形成了"唯分数论"的错误观念，只注重个人成绩的提升而忽略了个人综合素质的提高。随着社会的不断发展，当今就业市场对综合素质强、全面发展人才的需求逐步增加，时代呼唤厚德、明智、立美、健体、善劳的"整全"的人，促进学生全面发展已经成为社会关注的焦点。高等教育培养人才的目标从而转变为促进青年全面发展，推进个人素质提升，共青团作为高校中与青年联系最紧密的组织，肩负着引领和培养大学生全面发展的责任，团学活动是大学生活的重要组成部分，将"五育并举"作为开展团学活动的指导理念能促进不同性质、目的和功能的团学活动均衡及多样化发展，有助于大学生发展和完善自我，提升自身综合素质。同时，多元化的活动也为具有个人特长的学生提供了展示自我、锻炼自我的平台，能够充分帮助其发展个人特性。

二、当下所困：探析高校团学活动"五育并举"模式路径的现实瓶颈

团学教育的目标是实现学生的全面发展，当前，高校团学活动的"五育并举"在现实开展过程中还存在诸多困境。

（一）"智育独大"之困

高水平的人才培养体系不应该只关注分数，也应该注重价值观的塑造；不应该只关注知识和技能水平，也应该关注体质意志品质和涵养的高度。然而受社会环境的影响，"智育独大"的观念已经深深扎根于家长和学生的心中，高校学生在进入大学之前接受的大都是唯分数、唯文凭、唯升学的应试教育模式，虽然大学相较小初高更加注重学生的全面均衡发展，但是由于"智育独大"观念的根深蒂固，大多数学生一时间无法从错误的观念中转变过来。他们在升入大学之后依旧将成绩放在第一位，鲜少参加丰富多样的团学活动，从而导致出现了"长于智、疏于德、弱于体、少于美、缺于劳"这一较为普遍的现象和问题。白岩松在未来教育大会以《我眼中的"德智体美劳＋情"》为题目的演讲中也提到了这一点："你会看到我们身边的很多年轻人似乎无所不知，但是不能转变成行为，不能转变成为一种思维方式。他不缺知识，但是缺智慧，缺生活的智慧，生命的智慧，缺很多方面的智慧。"笔者在与学生的接触中也发现了这样的问题，如果"智育独大"的观念无法转变，将成为高校培养全面发展人才的极大阻碍，也会影响"五育并举"融入团学活动的效果。

（二）"五育分裂"之困

德智体美劳"五育"虽然均有其自身的特点和价值，但它们有相同的落脚点——育人，它们应该是一个有机的整体，因此在"五育并举"的过程中应该注重"五育融合"，实现整体育人的效果。"五育并举"的概念一直在被强调，但是不论是在学校工作还是在共青团工作实践中，普遍都呈现"五育分裂"的现象，"五育"被机械地孤立，从而使"五

育并举"的效果大打折扣，无法有效地达到培养全面发展的社会主义建设者和接班人的目的。比如在进行劳育相关的活动中仅仅注重劳动这一形式，将劳动简单地等同于体力劳动，忽视了劳动教育的融通性，从而弱化了其在明德、增智、强体、育美方面发挥的重要作用。事实上，在开展劳动实践活动的过程中需要做到以下几点：强化"劳动最光荣"意识的养成，培养高尚道德情操，以劳树德；注重"创造性劳动"思维的习得，增强创新实践能力，以劳增智；引导学生身体力行，将身体素质锻炼内化于其中，以劳强体；应该促进"劳动最美丽"观念的形成，使学生认识到劳动之美，以劳育美。

（三）曲解"五育"评价之困

团学活动的初衷本是锻炼综合能力、发挥个人特长，为学生提供展示自我的舞台，帮助学生实现全面发展，然而当前在大学生全体中"内卷"化、功利化风气盛行，学生仅仅用能不能为奖学金评选加分、能不能拿到志愿工时、能不能纳入第二课堂成绩单来衡量活动是否有意义，并不注重活动的意义以及其体现的思想内涵，只关注结果，而没有在活动中去体会、去感受、去思考，弱化了参与活动过程中带来的个人综合素质的提高。比如参加志愿活动只为了能够获得志愿工时，在志愿服务时"划水"、走过场，这样一来也就违背了活动举办者培养志愿者实践能力以及奉献精神的初衷。这样的风气严重阻碍了学生的全面成长成才，同时也将是团学活动发挥"五育并举"功能的极大阻碍，如何引导学生端正观念，注重参与"五育"活动的获得感，最大化"五育并举"的效果是一个非常值得思考同时也是有待解决的问题。

（四）"育人"初心偏离之困

"集知识性、科学性、艺术性、创新性于一体的高校校园文化在塑造灵魂、培养情操、潜移品性等方面具有相当大的影响力、渗透力和导向作用。"[2] 由此可见，高校校园文化在高校立德树人方面发挥重要作用。虽然当前各高校均将校园文化建设作为"以文化人，以文育人"的重要抓手，以高校共青团组织为载体开展了一系列团学活动，但由于功利主义以及形式主义的影响，部分高校在开展团学活动的过程中偏离了育人的职责，一味地追求活动的数量的增加，忽视了活动质量的提升；一味地追求活动的品牌化建设，忽视了活动的普及度；一味地追求活动的宣传效果，忽视了活动的真实反馈；一味地追求提升活动参与度，忽视了活动的获得感；一味地提升活动的吸引力，忽视了活动的内涵。从而使团学活动整体上缺乏"以人为本"的精神内涵，在"知识性、科学性、艺术性、创新性"方面有部分的欠缺，无法准确把握学生的思想特点以及个人诉求，缺乏育人主线，从而游离于学校的育人体系之外。将"五育并举"融入高校团学活动，能够为其注入时代价值导向的灵魂，使其不只是空空的躯体，也能为团学活动促进学生德智体美劳全面发展、提升学生综合素质赋能。

三、未来所解：高校团学活动"五育并举"模式路径思考

"五育融合不是各育的简单拼凑，而是实现五育的真正渗透，即你中有我，我中有你。"[3]因此，寻求团学活动与"五育并举"融合的实施路径是未来团学活动开展亟须厘清的重大问题。

（一）形成"五育并举"价值共识

重塑"五育并举"的价值取向，建立"五育并举"共识，以"五育并举"的理念和思维方式为基础开展团学工作。高校团学工作承担着思想政治宣传教育、提高学生综合素质、促进学生全面发展等重要任务，凝聚"五育并举"价值共识，要挖掘树立"五育并举"正面典型，发挥团属新媒体、团属学生组织与团属学生党员骨干的作用。其一，团属新媒体矩阵要发挥阵地育人优势，搭建"微信公众号＋官方微博＋官网"的团属全媒体化思想引领矩阵，用青年喜闻乐见的形式进行正面典型的树立，帮助学生端正思想，从"唯加分"论的思维转变过来。宣传展示"五育"系列活动的成果成效，让学生浸润于"五育"的环境之中，在校园内形成人人崇尚"五育"、人人追求全面发展的良好氛围，强化"五育并举"举措的作用效果。

其二，团属学生组织要在举办社会实践、志愿服务等实践类团学活动时，加强活动过程的督导，派专门的工作人员做好活动过程的跟踪，一旦发现存在不正之风，应该立即予以制止，并做出正确的引导，以此增强活动的体验感受，最大化活动的育人效果。其三，团属学生党员、骨干要发挥朋辈引领作用，强化在德智体美劳方面有先进事迹的个人或团体的采访报道，从而强化学生价值感知，发挥先进个人在学生价值观塑造中的先锋引领作用，形成全面发展、综合发展的价值理念。

（二）整体筹划"五育"活动

高校团学活动很容易陷入"五育"育人顾此失彼的尴尬境地，为此要以时间线整体筹划"五育"相关活动，结合重要时间节点重点开展活动。其一，要以德育为先，把握好爱国主义教育主线，厚植爱国主义情怀。通过主题团日活动、"青年大学习"、主题班会等抓好思想引领，结合重要时间节点开展红色经典诵读、红色基地调研、主题征文等活动，让爱国主义情怀在青年心中扎下根、扎好根、扎深根。其二，要以智育为本，依托学生组织、社团等，创新性激发学习热情。鼓励学生积极参与创新创业大赛、挑战杯等比赛，培养学生的创新创业技能以及工匠精神。其三，要以体育为根，营造校园体育文化氛围。通过田径运动会、篮球赛、排球赛、乒乓球赛等大众化竞技性体育运动充分发挥运动竞赛的引领作用，通过多样化、趣味性、易参与的体育运动如趣味运动会等活动提升青年参与体育运动的积极性。其四，要以美育为明，以中华优秀文化熏陶启迪心灵。带领青年认识美、体验美、传递美，注重美学熏陶，通过美育实践增强学生的参与感以及获得感，营造浓厚的校园文化氛围。其五，要以劳育为基，搭建劳动教育实践平台培育劳动精神。推进劳动教育实践进支部、进宿舍，通过组织开展劳动教育活动如劳动教育主题团课、卫生文明寝室评选、家乡调研等形式践行劳动精神，培养劳动精神，强化劳动教育的专业导向。

（三）优化"五育"评价机制

开展高校团学活动对于开展思想政治教育、丰富校园文化、培育学生健全人格等具有重要意义，学生功利化参与团学活动之风不可取。以往对学生以学习成绩为单一评价标准早已不合时宜，在教育全面发展、教育素质拓展的改革浪潮中，要从内到外、从浅到深、从上到下真正打破传统的育人评价机制，优化综合育人评价体系。在注重学生的学习成绩时，也应注重学生的创新创业能力、社会实践能力、人文素质能力等。通过"互联网+"的模式建立学生在校期间成长档案，结合"评优评先"等树立综合发展的教育导向，发挥第一课堂和第二课堂的合力，改善"五育分裂"现象。尤其要注意不能单纯以成果来评价学生，改善功利化参与团学活动之风，要把学生日常参与志愿服务、活动比赛的初心与成果综合看待，加强对学生日常思想方面变化的关注。要把评奖评优工作贯穿在学生朋辈教育、思想引领的全过程，坚持过程和结果综合看待综合评价的导向，在学生中树立真诚奉献为荣的思想，对现实中存在的功利性竞争学生，予以正向的引导与纠正，培养服务意识、全面发展意识与终身学习意识。

（四）坚定"育人"初心使命

高校团学工作以育人为首要目标，在团学活动开展中，应把"育人"效果放在首位，坚定"育人"初心使命。其一，要加强团学工作教师队伍培训，坚定教师"育人"初心。提高团学教师的职业技能，坚定团学教师的理想信念，强化团学教师的使命担当意识，踏实做好团学管理工作，以灵活的工作方式，提高把"五育"贯穿团学工作的全过程的能力。其二，要加强学生骨干培训，坚定学生"自育"初心。高校共青团组织应加强对团学活动组织者的培训，依托"分层次一体化团学骨干培训班"、组织例会等形式，让团学组织负责人清晰地意识到自身责任，深入了解党和国家的各项政策和方针，将"五育并举"的职责内化于心，转变意识，明确担当，落实好问题导向，不断创新工作方式，推动学校共青团工作全面发展。其三，要加强团学活动审核，坚定活动"育人"使命。以"育人"为导向开展各项活动，把握好活动的精神内涵。不搞轰轰烈烈的"大"活动，要搞实实在在的"小"活动。切忌"大"而"空"的活动，专注"小"而"精"

的活动，把活动做新，用心做。其四，要加强团学组织考核管理，发挥团学组织"育人"作用。凝聚育人的学生骨干合力，合理统筹分工，注重对学生组织内部的监管教育，建立权责明确、风正气清、全面发展的团学活动学生组织。

总之，高校共青团应强化使命担当意识，接续奋进，开拓进取，为推进高等教育治理体系和治理能力现代化、建设教育强国持续贡献青春和智慧，将"五育并举"的教育理念融入团学活动，提升团学活动的育人效果，形成"五育并举"价值共识，整体筹划"五育"活动，优化"五育"评价机制，坚定"育人"初心使命。

参考文献

［1］苏楠. 劳动教育的华丽变身［A］. 成都市陶行知研究会. 成都市陶行知研究会第十六期"成陶开讲"暨首届"立德树人 铸魂育人"中青年教师报告会论文集［C］. 成都市陶行知研究会：成都市陶行知研究会，2020.

［2］周国平. 人文精神与教育［J］. 西南政法大学学报，2006（03）.

［3］宁本涛. "五育融合"与中国基础教育生态重建［J］. 中国电化教育，2020（05）.

［4］周珊. 五育融合，助力学生全面发展［A］. 成都市陶行知研究会. "十四五"成都教育高质量发展研讨会论文集［C］. 成都市陶行知研究会：成都市陶行知研究会，2021.

［5］韩君华，许亨洪. "五育并举"视域下高校思想政治工作体系创建的机制探析［J］. 思想理论教育，2021（02）.

［6］张志奎. 落实"五育并举"与"立德树人"的实践探究［A］. 成都市陶行知研究会. 成都市陶行知研究会第四届学术年会论文集［C］. 成都市陶行知研究会：成都市陶行知研究会，2020.

［7］昝胜利. 以特色实践活动落实"五育并举"［J］. 河南教育（教师教育），2021（02）.

网络热词视角下大学生价值观解构
与引导策略探究

韩 桢

（中南财经政法大学新闻与文化传播学院）

摘 要： 网络热词的产生为互联网时代网络语言提供了形式多样、内容丰富的表达传播路径。网络热词具有主题内容上的时事性和丰富性，产生模式上的碎片化和娱乐性，结构形式上创新性和失范性并存，作用影响上双重对立的特征。大学生作为网络热词的忠实拥趸，受网络热词的影响，大学生人生价值观具备家国情怀、社会责任、创新进取的积极特性，同时也具有工具理性抬升、机会主义露头、功利色彩明显的消极特征。我们以社会主义核心价值观引领时代思潮，筑牢主流意识形态防火墙，以创新话语形式解构大学生人生价值观，积极回应学生关切，培养学生规范意识，鼓励学生参与社会实践，进而塑造和稳固大学生人生价值观。

关键词： 网络热词；大学生；人生价值观；双重影响；引导策略

互联网时代，信息飞速传播，通过各种方式催生出一批网络热词，广为流传。网络热词的背后反映的是主流文化和亚文化的碰撞，是多元价值观的交锋。当代大学生作为网络原住民，长期浸润在互联网环境中，不可避免地接触、使用、甚至创造网络热词。在此过程中，大学生的价值观受网络热词的影响，呈现出多元化、矛盾性、不确定性。当前主流文化话语权在网络空间有一定程度的缺失，这对大学生的成长成才是不利的。必须认真分析网络热词背后反映的价值观，用主流文化抢夺话语权，对亚文化进行有意识的吸收整编，以更有吸引力、亲和力和生命力的形式吸引大学生接受，并对其价值观进行塑形引导。

一、网络热词的界定及在大学生中的传播现状

（一）网络热词的概念及产生背景

1. 网络热词的概念

"热"，在传播频度上的一种含义即"受很多人欢迎的"。"热词"，顾名思义就是指当下流行，受很多人欢迎的词汇。那么何为网络热词？互联网时代，大量社会用语和日常用语通过网络来传播，形成形式多样、内容丰富、与时俱进的网络语言。网络热词固然属于网络语言的范畴，但不可等同视之。网络热词重点在于传播热度高，流传范围广。人们通过网络热词不仅用以非书面化表达，还可知晓词汇本身背后所代表的社会热点、新闻事件、社会现象，进而形成一种语言文化，固定成为一种心理反映。[①]基于以上论述，本文认为网络热词指由社会热点新闻事件引发，展现一段时期内出现的社会现象，借助网络媒介传播，被赋予时代特定语义且被广泛使用的新兴词汇。

2. 网络热词的产生背景

"网络热词的形成可以追溯到 20 世纪 80 年代"[②]，随着社交媒体的出现，人们的日常生活表达逐渐脱离了原有的程式化、书面化方式，变得更加简明、快捷、活泼。尤其是进入 21 世纪以后，网络成为多数群体沟通表达的主要工具，加之互联网 2.0 时代的到来，人们通过网络媒介获得

---

① 胡灿. 网络热词对大学生价值观影响的研究 [D]. 重庆师范大学. 重庆，2018：9.

② 韦佳妮，黄德林. "网络热词"对大学生生活影响的调查研究 [J]. 学校党建与思想教育，2019（4）：69.

的信息爆炸式增长，以兴趣为聚合点的社群不断涌现，各类开放的社交平台吸引更多的活跃用户积极参与。与此同时，世纪交替，国际风云变幻，国内深化改革，一大波涉及政治、外交、经济、民生、军事、社会的热点进入公众视野和讨论范畴。随着生活节奏的加快，网络生活方式的快捷，人们在社交平台对相关话题的持续热议，一个个简洁明快、生动趣味的语词井喷式出现，进而持续至今，对新媒体时代人们的交流方式产生根本性影响。当前，网络热词迅速风靡网络，成为年青一代社交语言的新宠。

（二）网络热词的特征

1. 主题内容上具有时事性、丰富性

网络热词大多与新闻热点或人们的社会生活紧密相关。比如"甄嬛体""996""苏大强""freestyle""嘤嘤嘤""奥利给""薅羊毛"等涉及热播影视、游戏直播、社会热点等方方面面，都是由一个新闻事件引起网友们关注并广泛讨论，进而将相关词汇送上热搜。无论什么类型，网络热词的产生本身就是某个事件的传播结果，也都体现出一定的实时性、时政性。比如国家主席习近平在2017年新年贺词中提出"撸起袖子加油干"迅速被网友们讨论转发，使之成为奋斗的代名词。网络热词本身虽是一个词组或短语，但简约并不简单，内容上承载了许多社会定义与标签。人们透过这些"标签"更乐于也更易于去了解事件的本质。

2. 产生模式上呈现碎片化和娱乐性

当前，微博、微信等即时互动的社交平台通过碎片化的方式记录生活。当某一事件在网上流传时，微博往往会第一时间将其作为热搜吸引人们关注，很多热词也会随之在事件的不断发酵中和网友持续讨论中产生。QQ、微信、微博被频繁使用，通过朋友圈动态、说说、实时聊天，网络热词得以传播扩散。尤其是当热点事件发生时，网友运用大量的网络热词发表自己的感慨，抒发自己的情绪，或直截了当，或隐晦含蓄地表达自己的观点意见，既有娱乐戏谑的心态，也有严肃认真的态度。网友在碎片化、娱乐

化的形式中表达自身的看法诉求，互诉释放压力，获得群体归属，满足心理需求。也正因如此，网络热词能够在网络空间广泛传播、持续更新、保持活力。

3.结构形式上创新性与失范性并存

网络给广大网民提供了充足广阔的空间发挥联想创造力，出于知名度、热度背后的成就感、获得感，网民自主创造的动力和潜力被大大激发。尤其是在青年大学生中，他们追求时尚，紧跟潮流，推崇幽默，喜欢用简洁、新鲜、刺激的词汇表达自己的情感思想。"杯具了（悲剧了）""OMG（我的天）""2333（哈哈哈）"等一大批新颖的热词被创造使用开来。不可否认，语词的创新创造表达展示了青年一代积极向上的姿态，丰富和方便了青年群体的沟通。但同时不能忽视的是网络热词是对语词规范性、文明化表达的挑战和抵触。大量的网络热词带有过于简化、通俗乃至粗俗的特征，比如"3Q（谢谢你）""MM（妹妹）""不明觉厉（不明白你在说什么，但感觉很厉害的样子）""人艰不拆（人生已如此艰难，有些事就不要拆穿）"等，充分表现出网络热词的失范性表达特征。

4.作用影响上具有双重对立性质

从内容和性质以及给网民带来的情绪反应来看，网络热词可分为积极、消极和中性。积极性的网络热词带给人昂扬向上的情绪和健康平和的心态，比如"撸起袖子加油干""我们都是追梦人""最美逆行""爱笑的女孩运气不会太差"等。消极性的词汇一般反映了某种不良社会现象、令人震惊的热点事件，给人带来不好的情感体验，甚至成为造成社会不稳定的诱发因素。带有中性色彩的热词也很多，一般反映青年亚文化居多。当然亚文化和网络热词的产生也紧密相关，不同的表现形式也对应不同性质的网络热词。亚文化是之于主流文化的相对概念，和主流文化具有交叉之处，需要对其进行合理引导，适当吸收，进而丰富主流文化内涵，增强主流文化活力[①]。同样，网络热词的双重对立性质也是

---

① 方元务.高校亚文化内涵剖析［J］.高教论坛，2012（10）：30.

亚文化内涵的一种反应,需要我们辩证看待。

(三)网络热词在大学生中的传播现状

当代大学生多是95后、00后,他们伴随着我国互联网高速发展而成长起来,是互联网时代的原住民。根据《中国青年网民网络行为报告(2016—2017)》统计,青年网民(90后、00后)平均每天1/4的时间用来上网。在言论特点和兴趣爱好上,青年大学生追求更多的个性解放,使用网言网语更加自由开放,在"二次元""中二""佛系""偶像""游戏""直播""综艺"等领域都有着个性十足、前卫时尚、相对独立的语言体系,比如"666""我太难了""买橘子""skr""锦鲤"等不一而足。而这些领域恰好是孕育网络热词的主要土壤和重要基础。

当然,除了这些领域,社会热点事件、重大政治新闻、国内外形势也常常被青年群体津津乐道,也因此衍生出一批标志性热词。比如"中国红""撸起袖子加油干""东风快递""不敢(感)动""自由美利坚""榨菜茶叶蛋""美丽的风景线""外交天团""盛世如您所愿"等。这也反映了青年大学生对世情、国情、民情的关注关心。

不管是流行文化热词还是时事热词,这些热词在青年大学生群体内部的互动沟通以及和外部多元价值摩擦碰撞过程中使用频率很高,反映着大学生的情感诉求,承接着他们的情感宣泄。因此,这些词语是他们"情感意义的代入[①]",在他们中间受欢迎度很高,使他们感觉代入感很强,使得这些热词迅速蹿红,热度不减。

二、网络热词影响下的大学生价值观解构

如前文所述,网络热词易于为广大青年群体接受,在大学生群体中更是传播广泛,热度不减。一方面固然因为热词主题内涵丰富、形式新颖

---

① 陈曦,刘聪,刘燕婷. 网络热词对大学生的影响及对策思考[J]. 新闻窗,2018(4):78.

多样、表达便捷高效，更重要的是热词给人的代入感很强，能"获得独特的心理体验和情感诉求[①]"，而使用的人群也可以形成一种身份认同和情感共鸣。而青年大学生也正处于价值观成熟巩固的关键阶段，在网络环境中，受各类媒体、各种思潮、各种文化的影响，难免对价值观的成熟稳定带来冲击。同样，网络热词本身是对各类思潮价值文化的反映，对大学生价值观的影响也是双重的，无论从强化主流价值观引导还是从抵制不良文化侵蚀的角度看，网络热词对大学生价值观的影响都不可忽视。

（一）网络热词对大学生价值观的双重影响

1. 网络热词对大学生价值观的积极影响

一是网络热词有助于大学生关注社会生活，增强社会责任感。相当一部分网络热词背后反映的是当前社会的各种现象。随着全面深化改革进入攻坚期和深水区，中国社会正在经历一场重大变革，传统秩序受到猛烈冲击，社会各领域矛盾突出，许多社会热点进入公众视野，受到广泛讨论。大学生作为年青一代，肩负着新时代赋予的崇高使命，虽身处"象牙塔"里，但绝不能沉醉于"浪漫绚丽天真"的大学生活，更不能"两耳不闻窗外事，一心只读圣贤书"。网络热词的出现及传播对进一步刺激广大大学生"开眼"看世界、读社会、察人心有着积极作用。比如习总书记号召全国人民"撸起袖子加油干"，也成为青年学子奋斗的座右铭；《流浪地球》火爆热映，"吹爆小破球"也成为承载大家对国产科幻电影崛起的希冀；"犯我中华者，虽远必诛"成为大家爱国热情和民族自信最直接有力的表达；"最美逆行"成为大家对消防员、警察、医生等特殊行业从业者的真诚致敬；"不想上班，难道你家里养猪"？代表大家对猪肉价格快速上涨的调侃以及对民生问题的关注和担忧……

二是网络热词有助于增强大学生主体认知和创新意识。大学生群体追求个性，渴望自由，追逐潮流，但现实生活中报刊、电视、广播等传统媒

[①] 李伟. 新媒体时代大学生亚文化现象的批判性分析——基于社会心态的视角［J］. 中国青年研究，2017（9）：107.

体门槛较高,导致多数学生不能借助这些平台表现自我①。而网络开放性、匿名性、平等性特征明显,每个人都可以在上面更充分自由地表达自己的观点。不难看到,许多学生借助网络平台毫不掩饰、滔滔不绝地发布自己对某些热点事件、社会现象的看法,同时在现实生活中与人沟通表达时又表现出一定的"胆怯、羞涩或者障碍"。当前大学生面对复杂的外部环境,除了受到学业、就业压力之外还面临情感困惑、职业规划迷惘、人际关系困难、与家庭缺乏沟通等现实困境,容易陷入焦虑。这样他们借助网络热词的诙谐新颖来表达心声、释放情绪、获得共情,从而更好地认知自我,认知世界。同时他们在传播热词的同时也持续不断地在其中加入新元素,赋予相应语词新的含义。如"打酱油""路过"不是字面意义而是代表"与我无关""我不懂""我不关心"等含义;"雨你无瓜"实际等同于"与你无关",后成为调侃恶搞的代名词。

2. 网络热词对大学生价值观的消极影响

一是网络热词代表的多元文化价值、思想观念容易造成大学生价值观的迷失。"网络热词所代表的多元文化和多种思想观念容易导致大学生价值观的迷失。"② 大学生正处于价值观的塑形巩固期,容易受到外来思想的影响。面对网络热词背后所代表的多元文化、思想和价值观念,好奇感、新鲜感往往使得他们逐渐沉溺其中不能自拔,从而对主流价值反应冷淡、漠不关心甚至走向对立。而且多种价值思潮中常常混杂着西方意识形态的隐秘渗透,这些错误的思潮披上光鲜外衣,对青年极具迷惑性和吸引力,缺乏甄别能力的大学生受其影响,极易形成对错误价值思潮的迷恋迷信,进而削弱他们对主流价值的信仰,影响自己的价值判断和选择。一些网络热词背后反映的利己主义、享乐主义、拜金主义取向会侵蚀大学生正确的价值观。

---

① 武艳萍. 网络流行语对大学生价值观的影响及有效引导[J]. 平顶山学院学报, 2018(3): 3.
② 曾翔, 唐黎, 刘夕媛. 网络流行文化对大学生价值观的影响[J]. 当代青年研究, 2014(1): 101.

二是一些网络热词带有低级趣味，影响大学生道德素养，不利于健康人格的形成。网络空间的虚拟性和隐匿性容易给人一种表达观点看法可随心所欲、不负责任的错觉。这导致一部分人在网络空间肆意散布低俗词句、动辄恶语相向而无所忌惮，进而败坏网络风气。大学生接受高等教育，在真实的校园环境和社会环境中受到制度规束，注意保持良好的个人形象。但在面对失恋、压力、情感或人际关系矛盾等造成的负面情绪时，有人会借助网络肆意宣泄，用粗俗偏激的话语表达自己的消极情绪。这种粗俗、偏激、无理的表达对大学生的道德修养和人格塑造是十分不利的。

三是网络热词的失范性弱化大学生对传承优秀传统文化和价值观的历史担当。网络热词的失范性主要表现在过于简化、不注重语法、改变语词原意等。热词的广泛使用原因之一在于其可以提高沟通效率，具有娱乐属性。网络热词包含谐音字、错别字、生造字，甚至比较粗俗的词语，这些不具有正确语素、词汇和语法结构的词语会扰乱学生对规范词语的运用，产生不良的后果和影响[1]。中国汉字代表了传统优秀文化，如果一味用失范性语词作为沟通表达的工具，久而久之会造成对优秀传统文化的冲击。习总书记指出"优秀传统文化是一个国家、一个民族传承和发展的根本，如果丢掉了，就割断了精神命脉[2]"。与此同时，长期浸染在失范表达语境中，大学生的书面和口头表达能力严重下滑。许多学生反映中学时候面对美好的事物，自己可以援用经典诗词对其进行描述，而到了现在，面对好看的事物时，只会简单地说"妙啊""厉害"久而久之，失范性热词除了对传统优秀文化造成冲击之外还将降低青年学生对传统优秀文化的重视程度，进而弱化传承优秀文化的使命和担当。

---

① 谢晶. 失范性网络语言对大学生的负面影响及其规范策略［D］. 江西师范大学. 南昌，2019：36.

② 习近平. 习近平谈治国理政：第二卷［M］. 北京：外文出版社，2017：313.

（二）网络热词反映的大学生价值观现状

1. 大学生人生价值观主流是积极的

一是人生价值目标具有厚德济世的情怀。大多数大学生对实现自己的人生价值有着正确的认识，能够用典型事迹、正能量来激励自己的学习工作。许多学生政治上立场坚定，积极向党组织靠拢，成为一名共产党员后能够发挥自己的先锋模范作用，毕业后通过选调生、"三支一扶"、志愿服务等形式继续在岗位上发挥服务作用。同时在校大学生在各类公益活动中表现活跃，对时事民生关注较多，积极投身各类社会实践，对祖国和人民怀有朴素的热爱之情，并有通过自己努力以影响带动他人，从而共建美好社会的强烈意愿。"请叫我雷锋""我是红领巾""共产主义接班人""公益人人行""携笔从戎"等就是最好的表达。

二是人生价值评判标准富有正能量。"最美逆行""大写的赞""泪目"等词语反映出大学生对医生、警察、消防员、军人等特殊职业的敬佩之情。大学生在真善美与假恶丑的是非判断中有着明确的原则，对破坏公序良俗、逾越道德底线、践踏规则法律的行为予以坚决抵制，对传播感人事迹、播撒爱心种子、宣传生动故事的行为纷纷点赞支持。

三是人生价值实现手段靠奋斗。"幸福都是奋斗出来的""撸起袖子加油干""奋斗的青春最美丽"等语句在大学生群体中广泛流传。这表明大学生对实现个人的目标理想需要不断努力奋斗深以为然。而且现实中许多大学生通过自主创业、勤工助学、兼职实习等手段检验专业技能和磨炼意志品质，涌现出了一批车玄、李海鹏、洛桑曲珍式的大学生"自强之星"。

2. 大学生人生价值观价值理性弱化

在价值理性弱化的大环境下，大学生的人生价值观越来越显得工具性，越来越多地关注自我价值，淡化社会价值[①]。

一是人生价值目标具有个人主义倾向。2015 年热播网剧《盗墓笔记》

---

① 王海燕. 透过网络热词探析大学生人生价值观现状及其原因 [J]. 兰州教育学院学报，2017（7）：79.

火了，随之产生的一句流行语"上交国家"被沿用至今。虽然这是一句开始带有调侃意味的话，但后面随着一些挖到文物、捡到狗头金被要求上交的新闻曝出后，"上交国家"这个词慢慢地还有一种鄙夷不屑的语气在其中。这背后反映了一些大学生法律法规知识的缺乏以及个人主义倾向，认为"我的"和"国家的"要绝对分离。当然"上交国家"这个词后来也被用在其他地方表达不同的情感，比如形容军人会说"帅的都上交国家"。如果说"上交国家"这个词显露的个人主义倾向不明显，那么在 2019 年 NBA 辱华事件中产生的"跪族男孩"热词，恰恰反映了一些青年大学生标榜民族爱国大义，但在真正需要因维护民族国家尊严去牺牲一小部分个人利益时却犹豫退缩，而面对网友的质疑和批评，有人在言行上进一步失范。

二是人生价值评判标准功利色彩明显。随着"明学"的流行，一句"不要你觉得，我要我觉得"不断被大学生使用，虽然这并不能全部代表使用者"以自我为中心"不顾及他人感受的心态，但至少反映了一些学生对个人主观好恶、感受极力维护的姿态。在学习活动方面，不少大学生更在意的是活动是否对评奖评优和升学保研有利；在个人修养方面，一些学生在自习室、图书馆、卫生间等公共空间不注意行为规范，给他人带来极不愉快的观感体验；在人际关系方面，一些学生在宿舍自由放任，较少顾及室友的个人感受，发生冲突后不能"换位思考"，甚至故意激化矛盾。

三是人生价值实现手段机会主义露头。对实现个人目标理想来说，有的大学生热衷于关系维护，奉行"圈子文化"，遇到困难、出现犯错后不去积极面对、主动反思，反而贪便图快、寻求捷径或借助各种关系，试图掩盖欺瞒，没有正确的是非观念和较强的担当意识。对成功的定义理解狭隘，缺乏宽广的胸怀和健康的心态，不善于从他人的成功中汲取经验，甚至恶意揣测诋毁，以"潜规则""捡漏"视之。这种不健康的心态背后是机会主义的抬头，如果这种念头不能得到及时有效遏制，最终极有可能导致学生在今后的工作生活中付出惨重代价，不可能顺利实现成长成才的目标。

三、网络热词影响下大学生价值观的引导策略

（一）发挥政府引导和监管作用

1. 以社会主义核心价值观引领大学生人生价值观

社会主义核心价值观存在国家价值目标、社会价值取向和公民价值准则三个相互关联、支撑、贯通的内在逻辑[①]。在总体价值追求层面，"富强、民主、文明、和谐"体现了当今人们对现实生活的总体价值追求。网络热词体现的是网络文化生活，也是对现实社会的反映，因而，用这一层面的价值目标来引导大学生有助于其树立家国思想，进而为构建和谐稳定强大的国家贡献力量。"自由、平等、公正、法治"是着眼于人与自身、他人、社会和国家关系形成的社会价值取向，在网络空间制度规范建构中同样须倡导这样的价值，这样网络热词的生成环境也将代表大学生的集体诉求。"爱国、敬业、诚信、友善"则代表了公民价值准则。大学生在实现学习、择业、交友、成家的个人目标中需要以公民基本价值准则为指引，正确认识社会，做好自己的事情，守好自己的本分，有助于个人成长发展。

2. 坚持以主流意识形态话语权为导向

网络空间一直充斥着西方传统话语和意识形态气息，而且近年来随着文化价值多元化节奏加快，各种思潮此消彼长，极端自由主义、民粹主义等不良思潮开始在网络空间迅速蔓延，这在一定程度上消解着主流意识形态话语权。网络热词源于草根文化，带有亚文化特性，我们需要看到它对受众的双重影响，需要借助主流文化对其加以引导、规制和吸收。为此，我们要坚持主流意识形态导向，构建中国特色意识形态话语体系，将马克思主义原则立场系统化、创新式运用到网络空间治理中，坚定大学生对马克思主义的信仰。

3. 持续净化网络环境

网络环境的优劣直接影响网络语言的传播效果。网络热词中包含积极

---

① 王永友. 社会主义核心价值观的基本逻辑［J］. 高校辅导员，2017（1）：3.

向上的元素，但也不乏暴力、粗俗、虚假、色情内容，而这些元素杂糅在流行文化中对传统优秀道德观念构成了很大威胁，这也正是网络空间治理需要重点关注的地方。2017 年我国通过《中华人民共和国网络安全法》，为网络空间治理提供了法律保障。网络空间不是法外之地，对违法违规行为应予以严厉打击。通过严格的网络环境治理，压缩失范话语生存空间，促使网民群体形成文明理性平和的用户心态，构筑安全规范网络"防火墙"。

（二）加强对社会舆情的有效引导

1. 善于挖掘积极性网络热词

网络热词的属性不同，反映的大学生思想状态也不一。消极型网络热词对大学生正确健康价值观的塑造是不利的。因此，大众媒体要善于挖掘积极性网络热词，要从大小事件、社会热点中发掘正向新闻点，拒绝为博眼球、蹭热度、赚流量而不惜做"标题党"，当"带路党"，去"挖墙脚"，要鼓励和支持媒体去传播正能量，讲出好故事，客观进行社会事件报道。在教育教学中也要注重将主流价值观渗透融入其中，用正向积极的网络热词去引导大学生，同时也不盲目复制模仿，让大学生对网络热词保持常用但不滥用和用好而不用坏的态度，在此基础上去与时俱进地培养大学生健全的价值观。要"主动创造与创作出区别于公共网络空间中一般性网络热词的主流思想舆论网络热词，在形式、内涵、意义等方面不断丰富、发展与创新思想政治教育话语。①"

2. 重视民生及社会问题

网络热词的迭代性较强，但其中一些词汇从产生之日起一直热度不减，至今仍保持相当大的使用频率和话题热度，例如"房奴""北漂""蜗居"等词。这恰恰说明这些词语背后反映的物价、就业、公正等现象是被关注的恒久民生话题。当前社会环境复杂多变，大学生群体因学业、择业、成家、养老等问题面临焦虑和压力，由此也引发了一些极端案例和悲剧事件。

---

① 崔海英. 网络热词校园生成特征与引导策略［J］. 思想理论教育，20189（12）：110.

网络热词在大学生群体中广泛使用除了娱乐戏谑的目的之外,更多的是隐藏在大学生内心深处的无奈与凄苦。因此需要对就业、分配等民生问题高度关注,做好政策制定落实,稳定大学生预期,增强大学生信心,积极面对困难和挑战。

(三)增强大学生自我规范能力

1.增强大学生网络自律意识

一是要提高大学生时间管理能力。相较于高中时期,大学生活自由,可支配时间很多,如何利用自由时间充实自己不虚度,是每个大学生都该认真思考的问题。许多大学生缺乏时间管理能力,沉溺于手游、网游、综艺、偶像无法自拔,这是缺乏自律的表现,同时也是缺乏时间管理能力造成的。因此,要通过宿舍用电用网管理、时间管理培训、优质网络资源分享等手段,培养学生自律观念、提高自律管理能力、培养自主学习意识。二是要提升大学生情绪管理水平。一些大学生情绪管理能力较弱,在消极情绪产生时往往通过"报复式"熬夜上网、刷剧、暴饮暴食等手段进行所谓的"放松",而不能通过科学有效的方式加以疏导,到最后又会因熬夜贪睡错过学习、狂欢娱乐做事精力不济而陷入自责和懊悔之中,反而更添心理负担,消极情绪依然存在甚至加剧。长此以往,终于演变成自暴自弃、黯然失落、无精打采的形象。因此,高校应注重大学生情绪管理能力的提高,为学生的学业、就业、实习、生活多创造机会,引导其注重时间管理,对自己的放纵行为加以节制约束。

2.培养大学生网络责任意识

网民在虚拟空间发表的言论是网络责任意识的外化,体现着一个人的三观。培养大学生网络责任意识需要对网络责任素质能力进行多维分析,通过学生的网络语言特征进行剖析,进而采取针对性措施进行教育。要培养大学生的同理心,进而增强个人对他人的责任意识。当前很多大学生在人际关系处理中常常不会换位思考,认为自己的诉求一定比对方重要,自己的行为和对方相比总是不过分的。而他们在网络空间的表现更是差强人意，不仅对自己的发言无所顾忌，还会将线下的冲突添油加醋地在线上发布。因此需要培养大学生同理心，增强对他人的责任意识，多站在对方的角度上思考问题，设身处地理解他人情绪，感同身受地明白他人的感受，并可适当地回应其需要。只有这样，才能更准确地认识到自己的不足，对自己负责，对他人负责。在网络活动中，严格审视自己的言语，避免对他人造成困扰。

3. 鼓励大学生参与社会实践

实践表明，大学生在社会实践过程中能够较为全面地接触社情民情，体味民生复杂，能够真切见识到在国家宏观政策背景下社会综合治理的现状，感受本土化社会的复杂性和特殊性，进而去思考现实问题，尝试运用专业知识和辩证思维探索问题解决方法，并由此上升到社会责任，孕育家国情怀，培养艰苦奋斗和自强自立的精神，自觉肩负起时代责任，将个人理想同国家前途命运有机结合，投入为国家发展社会前进的奋斗拼搏中，进而实现个人价值与社会价值的有机统一。

通过社会实践将学校生活的课后延伸，使大学生明确网络活动中的责任准则，从而强化其网络责任意识。实践证明，在开展思想政治工作过程中，更多地引导大学生开展社会实践，让大学生把个人理念同社会实践结合起来，从中获得独有的真实感受，进而促使其观察思考，认真审视自己的思维偏差，升华自己的觉悟，萌生改变创造的动力，在参与中增强道德的归属感和自身获得感，从而提高自我教育的能力，并在潜移默化中树立正确的世界观、人生观和价值观。

开启"立德树人"户外运动体育教育课程课外锻炼实践新模式

张 杰[①]

（中南财经政法大学体育部）

摘 要： "立德树人"户外运动特色体育思政化教学，将高校体育户外运动野外生存锻炼技能教学与新时代红色教育有机融合，通过多维度、融通化、"体验式"师生和助教合作方式，有机切入传承"红色基因"革命思想教育内涵和"读懂中国、读懂世界和未来发展"的特色专业教学的价值属性与模式。优化专业课程思政化教学大纲，以培养造就学生坚强、吃苦耐劳的意志品质以及健康活泼、团结协作的民族友爱情感为抓手，培养学生思维能力、动手能力以及创造性解决问题的能力，发挥各类专业校际、校地教学资源与思政课的协同育人功能，辅以国防军训爱国主义教育，促进学生身体健康，扎根中国大地了解国情、民情，在实践中增长学生智慧才干，在艰苦奋斗中锤炼意志、品质，受到学生追捧和肯定，获得中南财经政法大学课程思政优秀案例奖和"百年·百项"基层党建创新计划项目建设。

---

① 张杰，中南财经政法大学体育部副教授。本文系中南财经政法大学2021年度中央高校教育教学改革项目《开启立德树人户外运动体育教育课程课外锻炼实践新模式》（项目号：31412011501）的研究成果。

关键词：立德树人；户外运动；体育思政化

"立德树人"户外运动思政化教学以强化、规范化培养新时代中华民族复兴合格建设者和可靠接班人的有效性为精髓和使命。作为户外运动体育"立德树人"课程思政化核心内涵，它强调落实"立德树人"根本任务，发挥有机融合协同育人模式，培养可堪中华民族复兴大任的中国特色社会主义一流大学的时代新人。

教育部于 2019 年颁发的《加快推进教育现代化实施方案（2018—2022年）》指出，"大力加强体育美育劳动教育。加强劳动和实践育人，构建学科教学和校园文化相融合、家庭和社会相衔接的综合劳动、实践育人机制"。2020 年 5 月，教育部印发了关于《高等学校课程思政建设指导纲要》的通知文件。

户外运动"立德树人"思政化教育课程，我们开展了一系列富有挑战且具有艰险性和困难性的运动技术项目，包括岩降、山涧溜索、搭建帐篷营地、夜晚宿营、野炊生火做饭、山涧徒步和负重行军、急救知识运用以及走访大别山红色纪念地"武汉抗战第一村"——姚家山和参观新四军、八路军红色纪念地博物馆，体验当地民俗民风；升国旗唱国歌、党员面对党旗，重温入党誓词；篝火晚会唱红歌、校歌；讲、听革命前辈战斗故事、看红军以及抗美援朝战斗电影以及跳民族传统舞蹈等鲜活案例。以围绕"爱国心、报国情、强国志"为主题，弘扬老一辈革命家的吃苦耐劳、不屈不挠、志同道合的革命精神，积极培养学生践行社会主义核心价值观，坚定民族自信、团结协作、勇往直前，拼搏向上的精神斗志，强化学生不忘初心为人民的家国情怀。

近年来，在校际、校地联合和与兄弟院校（中国地质大学、湖北大学）探索与组织实施"体育思政化户外运动教学模式"上积累、交流、分享了一些经验，与中国地质大学（武汉）"户外运动"专业教师和助教团队协作、共享教学资源和教学基地，结合党支部书记"双带头人"工作室和校"一院一品"党建品牌工作的开展，充分发挥了高校与地方（乡村、红色纪念地、革命老区、乡、村党组织）之间的桥梁纽带作用，把党的教育方针、政策、精神实质和红色革命老区、乡村政治面貌讲出来、用出来，传播给身边的学生，真真正正做到将"读万卷书"和"行万里路"相结合，体育"立德树人"思政化精准实践育人，得到教育部巡视组和校领导的肯定，受到学生追捧。

做好新时代体育思政化教学人才培养，具体做法体现在以下几个方面。

一、创新体育专业特色思政化设计，提升思政化可操作性、实效性融合

1. 户外运动"立德树人"体育教学着眼把专业课程与培养学生思想政治素养有机融合，润物无声。让学生角色从被动学习自觉转换为主动参与，白天进行户外运动岩降、山涧溜索技能及山涧徒步和负重行军教学，晚上搭建帐篷营地、夜晚宿营、野炊生火做饭、开篝火晚会出节目、讲故事。如：讲"红色故事"体现了中国共产党人的初心和本色，当年红军在缺吃少穿、生死攸关的时候，还想着老百姓的冷暖，不畏艰险，由此理解什么是中国共产党领导的人民军队。以历史和现实为教学素材，因地制宜，多维度地从乡村、红色纪念地、革命老区吸取营养，以党员教师引导，课程助教示范、党建引领组织模式实施教学安排，学生分组全员参与积极合作，将户外课堂专业技能与思政化国防军训爱国主义精神意志分享结合，一方面提高学生专业知识技能水平，一方面树立正确的人生观、价值观。

2. 红色基因作为中国共产党的思想和政治本性，是社会主义核心价值观凝练的基础，也是对大学生进行社会主义核心价值观教育的重要资源和路径。高校体育户外运动育人课程教学模式中蕴含着丰富的思政化"人格"培养元素，适时积极选择开展一批有体育特色的思政美育类、劳动、生活类活动，团结协助学生在体育锻炼中享受乐趣、敬畏自然、增强体质、健全人格、锤炼意志，在美育、劳动、生活锻炼中提升审美素养、陶冶革命情操、温润心灵。比如开展"让莘莘学子合着时代节拍在党旗下成长"为主题的舞蹈、啦啦操展演活动，无不体现在户外体育锻炼活动、体育赛事

与点滴创新教学模式中，高校体育老师都在用体育元素为党旗增辉，为国旗增色，坚守"立德树人"的社会主义教书育人核心价值观。

3.通过实行专业课程思政化的融通教学模式把理想信念与专业、职业精神素养有机融合。创新开展教师党支部或学生党小组成员、入党积极分子带领组织"户外运动"红色教育主题实践引领，结合民族复兴、国家富强、新时代、新作为的思想政治教育要求，延伸扩展"户外运动"课程组织、方法、内容以及形式的政治性、知识性、趣味性，嵌入红色思政元素协同育人平台。比如：依托各学院课外实践教学平台培养学生的"双创"能力，把经、法、管各专业思政实践的最新经验和生动案例带进体育课堂教学中，以政界学界名人金句、名言、名篇、名著、中外历史和现实红色纪念地博物馆史实、影视、网络等相关材料作为支撑（抗美援朝精神、中央军委为五名成边官兵授予荣誉称号致敬英雄等）形成教学素材、教学专题PPT，从"立德树人"教学设计可操作性角度，结合国情国防军训纪律教育，积极探索育人协同创新发展模式。

4.积极统领各类教学专业领域与社会需要融合，与团委、学工部、年级辅导员工作站、工商旅游管理专业学生、研究生部发起"新时代·中国说和户外运动大学生心得说"比赛，选拔大学生走上形势政策讲台，讲述所学专业、所在领域的发展动向和自身专业为社会进步、国家发展所能带来的贡献"；推出"体育强国"课、"国球思政课"和"中华武德""中华体育文化精髓"课，开讲示范微党课"奥运奋进路、体育强国梦"，自愿组建课外学习研讨小组，通过户外学习心得专题讨论、主题展示以及演讲、点评等方式推动学生主动式、参与性教学，引导学生从自我价值实现的"小我"向为国家和人民服务的"大我"转变。

5.建设高等学校高水平的校际、校地联合"立德树人"人才培养互助模式，将优良教师团队思想政治工作激情贯穿其中，抓好体育实践课程思政育人鲜活案例融通特色，解决高校各专业教育和思政教育"两张皮"问题。全面提升广大教育工作者开展课程思政建设的意识和能力。以爱党、爱国、爱校、爱人民、爱集体为主线，围绕政治认同、家国情怀、文化素养、宪法法治意识、道德修养等重点优化课程思政内容供给，系统对学生进行中国特色社会主义和中国梦教育、社会主义核心价值观教育、法治教育、劳动教育、心理健康教育、中华优秀传统文化教育。坚持不懈用习近平新时代中国特色社会主义思想铸魂育人，引导学生了解世情、国情、党情、民情，增强对党的创新理论的政治认同、思想认同、情感认同，坚定中国特色社会主义道路自信、理论自信、制度自信、文化自信。

二、探索创新便捷实效的红色情景教育加嵌入实践体会的案例教学模式

体育思政化户外运动教学思路选择各种便捷易得的题材作为教学素材，理论凝练与实践嵌入式相结合，分批次、分班组、分团建小组方式进行，并运用相关多媒体专题PPT影像资料、素材辅以教学。

案例一：探访革命圣地筑牢灵魂根基——参观姚家山"武汉抗战第一村"红色教育基地。"我志愿加入中国共产党……为共产主义奋斗终生，随时准备为党和人民牺牲一切，永不叛党。"在一排革命先辈群雕前，面对鲜艳的党旗，党员同志骨干再次重温入党誓词，齐声向党表达自己最由衷的敬意。参观新四军第五师陈列馆，真实感受了革命先烈当年坚持革命斗争的氛围。同学们在大量历史图片和珍贵文物前驻足，仔细聆听每一个感人悲壮的战斗故事，通过展室里的文字、图片、实物样品等，真实了解新四军第五师在抗战时期那段百折不挠、骁勇善战的光辉历史。我们重温这些故事，仍然备受感动。要用好这样的红色资源，讲好红色故事，唱好革命歌曲，搞好红色教育，让红色基因代代相传。

姚家山被称为武汉抗战第一村，曾经是一个贫穷的偏远老区。村子发生了翻天覆地的变化。如今这里已经成为远近闻名的红色教育基地，在政府的大力扶持和帮助下，村民们生活富足，家家住新楼，走出了贫穷，再不是昔日的旧模样。

案例二：在前往黄陂杨树堰户外教学基地的校车上，助理教练和同学们在党员教师带领下唱红歌及我校校歌；晚上篝火晚会观看《上甘岭》《不

能忘却的伟大胜利》《钢铁是怎样炼成的》电影等，师生畅谈心得体会。

案例三：分班分组负重行军（走小红军路）和山涧徒步；开展岩降、山涧溜索、搭建帐篷营地、夜晚宿营、生火做饭等体验活动，培养不屈不挠，克服困难艰险，团结协作，勇往直前，拼搏向上的精神斗志。同学们深切感受到互助友爱、帮扶济困，与红色元素，国防军事教育、军人气质、品格、意志碰撞，无形中渗透了中华民族精髓，无论是对自然环境的认识，还是人与自然的关系，人与人的关系、人与社会的价值关系以及学生理想信念的形成都彰显了体育"立德树人"户外运动教育教学思政化实践改革具有非常现实的意义。

案例四：利用微信平台传授红色正能量。开展师生线上线下思想交流，播放一分钟自我介绍视频学习心得体验、感言，通过谈学业、谈生活、谈思想、谈未来，引导学生表达对抗疫英雄、红色纪念地、军人气质的崇敬；通过了解民俗民风、人物访谈等形式开展"牢记校史校训，传承红色基因"教育活动，提升知校、爱校、荣校意识，培养主人翁精神，坚定理想信念，站稳人民立场，练就户外生存过硬本领和身体素质，提高思想境界，在祖国最需要的地方书写新时代人生华章，投身强国伟业，"牢记使命，爱国力行"。

三、"红色思政综合训练与体会分享"纳入评价成绩构成重要组成部分，优化专业课程思政化教学资源

"读懂中国、读懂湖北"，湖北红色资源是优质的教育资源。适时开设新型户外运动课程思政教学深受当代大学生喜爱。这种模式不仅具有思政教育和身体教育的互补性，还具有培养大学生优良品质的相通之处。"户外运动"课程结业考核安排有"不忘初心跟党走，青春筑梦新时代"学习感言和主题发言等活动内容，积极点评鼓励强化户外课程思政化教学效果。把思想政治教育参与度、分享红色教育参与情况和优良品质纳入平时成绩和最终考核总成绩构成重要组成部分，这种有机评价体系模式是对教师教学思政能力和学生学习效果及综合素质的全面考核、评分。

以习近平新时代中国特色社会主义思想为指导，优化专业课程思政化教学大纲。尤其第一章第一课户外运动的价值和意义第一节，完整介绍课程的目标任务和发展历史的基本理念。依托校地、校际专业课外实践教学平台，如政法系、公安刑侦专业、工商旅游管理专业、马克思学院专业等与有关国家机关密切实践合作活动细化，通过"法律助理""体育法实践"直击观摩、"铁人班""星火班"进校园、"疫情防控对话校园体育"等实践项目，把社会主义法治国家建设实践的最新经验和生动案例带进校园学习和体育课堂教学中；推进"户外体育思政运动锻炼大纲"拓展、协同、设计，不断改进体育课外教育思想性、参与趣味性的精品案例实施，优化专业课程思政化教学资源，2020年11月获得中南财经政法大学课程思政优秀案例一等奖。

目前，"户外运动及野外生存锻炼"课程思政及特色党建品牌活动与中国地质大学（武汉）"户外运动"专业教师、教练团队协作，共享教学资源和教学大纲，取长补短，并结合党支部书记"双带头人"工作室开展工作，在大别山黄陂区革命老区建有教学实践基地。三年多来，"户外运动"课程思政与特色党建品牌活动融合创新主题教学实践模式发展成为体育课中"立德树人"教育的好平台，有近1 000名大学生、研究生；4名博士生和60名党员参加通识课程学习。学校对本课题研究从党委组织部、教务部门和体育部门给予政策、经费及其使用管理机制、保障等支持。我们体育部"双带头人"教师党支部书记工作室和校学工部、辅导员工作站和团委积极参与，初步建设并围绕开拓"思政引领"课程创新工作意识平台，积极沿着正确的思想政治教育方向，踏实教育改革举措等方面，均得到学校多方面的大力指导与鼓励。

四、"立德树人"户外运动思政化教学反思与建议

1. "立德树人"户外运动体育思政教育课程课外锻炼实践教学，不能仅停留于讲讲党史故事的层面，必须紧密围绕与深入实践分析《高等学校课程思政建设指导纲要》和当代中国特色社会主义思想教育使命有机融合，

让广大师生深刻理解思政化红色故事及户外课程思政背后的深刻逻辑，从中汲取践行社会主义核心价值观教育和实现中华民族伟大复兴中国梦继续前进的智慧和力量。

2. 户外运动"立德树人"课程分思政理论、实践两个部分开展教学，师生往往容易对课程思政所要求的知识深度和高度不够充分理解，有关专业性和思政方面有机融合的认识也不够准确。因此，首先必须提升广大教师的思政化指导能力，将优良教师团队思想政治工作经验和热情贯穿始终，重视开展各类专业课程思政集中教研探讨交流经验活动，发挥学生学习主观能动性，教学互动，润物无声，以情景感悟体验模式促进课内、外思政化教学。

3. "红色思政综合训练与体会分享"纳入评价体系，统筹构建完善体育课程"立德树人""红色元素"主题及教学目标。教改方案、教学大纲、教学案例内容、教学课件资源层次递进、相互支撑，形成长效机制。利用微信、网络视频开展学生课内外思政主题演讲或讨论，任课教师适时进行点评、总结、升华鼓励。

4. 打造高等学校高水平的校际、校地联合"立德树人"人才培养体系，联合校学工部、校团委、院系各辅导员工作站、军训教育等部门协同育人联系机制。

5. 加强户外训练器材与场地的人员配套完善，及时对户外运动器材进行维修保养，杜绝安全事故发生概率，加强安全责任监督检查，使得户外运动教学安全得到最好的保障。同时，应有各种应急处理解决方案，建立相应的户外运动保障体系，完善适合户外运动教学的规则和措施。

6. 定期召开"立德树人"体育思政课程和体育教学、教学主题经验研讨会，与其他兄弟高校及我校学科专业（工商旅游管理专业、马克思主义学院、公安刑事侦查学院、军训国防教育等部门）一起，推动高校"德智体美劳"新时代人才培养工作协同发展。发挥体育思政教育作用，做好新时代人才培养工作。

参考文献

［1］教育部关于印发《高等学校课程思政建设指导纲要》的通知教高
　　〔2020〕3号［Z］. 2020-5-28.

［2］胡达道，阳芸. 优秀红色教育资源在大学生户外运动中的运用研
　　究——以井冈山为例［J］. 广州体育学院学报，2019，39（06）.

［3］李志双，吴国峰. 户外教育理念下高校体育课程构建的研究［J］.
　　当代体育科技，2015，5（30）.

［4］秦文佳，吴明星. 以党建引领立德树人根本任务［J］. 党政论坛，
　　2020（01）.

体育赛事中大学生志愿者的有效激励研究

——以 2019 年世界军人运动会为例

潘 芳

（中南财经政法大学团委）

摘　要：2019 年 10 月，湖北省武汉市成功举办世界军人运动会（以下简称"武汉军运会"），赛事期间，2.6 万名志愿者为运动员们提供服务，默默付出，无私奉献，助力军运会取得圆满成功。武汉军运会成功传达了志愿服务精神，"让志愿成为一种时尚"，社会对志愿服务的认可度持续走高。随着我国体育事业的快速发展，形式多样的国内外体育赛事应时而生，相应地，也需要征募大量的志愿者为体育赛事的各个方面给予专业性的服务。大学生是一批人数众多、具有青春活力、经历过高水平教育培训的大基数人群，而这类人也是受到各种体育赛事人力管理部门最为青睐的招募对象。如何对体育赛事中大学生志愿者进行有效激励、提供合理化管理也日渐成为大型赛会工作中的重要板块。

那么该如何对体育赛事中的大学生志愿者进行有效管理与激励？浏览过往文献，笔者发现国内外学者对相关问题的研究较少，因此，本文以武汉军运会为背景，探究我国大型体育赛事中志愿者激励与管理所存在的问题及改进策略。

本文采用的研究方法主要有文献研究法、内容分析法和比较分析法，基于武汉军运会志愿服务激励工作在实践中所做到的各个环节，从多个维度深入探讨了武汉军运会在激励中的经历与失误并进一步提取总结了以军运的特色与普遍参考价值相对应并存的武汉军运会志愿服务激励工作的经验与启示，提出了与新的时代发展要求相适应的各种大型竞技赛会中志愿服务激励机制的实施工作方法与建议，为今后国内各类大型比赛创造一套更加系统完善的志愿服务激励机制，以供参考。

关键词：体育赛事；大学生志愿者；激励管理；武汉军运会

一、绪论

（一）研究背景

世界经济全球化浪潮席卷全球，世界的联系越来越紧密。国际大型比赛已成为东道国提高国际竞争力，提升综合竞争力的重要手段。我国也不例外。作为世界上最大的发展中国家，我国正在积极举办大型国际体育赛事，在赛事中展现我国经济发展与改革开放的成果，彰显大国风采。2019年10月1—27日，第七届世界军人运动会在武汉进行，这是我国继北京奥运会之后举办的规模最大的国际体育赛会，也是湖北武汉乃至我国首次承办大型综合性国际军事赛事。本届军运会也第一次为参赛的各国代表团修建军运村，是军运会历史上规模最大、影响力最广泛的一届。本次军运会的规模之最，不仅体现在参赛人数和比赛项目上，也体现在赛会志愿者和工作人员的规模上。武汉军运会累计招募了23.6万名"小水杉"志愿者，其中包括2.6万名赛会志愿者和21万名城市志愿者。赛会志愿者们经过层层选拔并通过考核后，接受了通用培训、专业培训、岗前实训等多轮培训，被分配在13大类别的岗位上。志愿者们都积极参与到迎接军运、宣传军运的活动中，在各自的岗位上尽职尽责，发光发热。23.6万"小水杉"所传达出的甘于奉献的志愿精神更是向社会传递了满满的正能量，对于武汉志愿者组织和志愿活动的发展具有重大意义。

随着我国体育事业的快速成长，形式多样的国内外体育赛事应时而生，相应也需要征募大量的志愿者为体育赛事的各个方面给予专业性的服务。而这些赛会体育赛事普遍都具有专业参赛运动队伍和专业参赛选手人数众多、比赛持续时间短、综合实力赛会体育赛事举办项目庞杂，运动员、裁判员和赛会记者以及赛会观众人员覆盖全球各个不同地方五大特点，使竞赛举办前后各项工作管理难度增加。种种情况表明，只有受过培训的高水平的人员才能满足体育赛事的用人需求，而志愿者的工作性质和特点恰好与之高度契合，足以说明，国内外体育赛事中志愿者群体是万万不可缺少的有利资源。

其中招募的志愿者中，大学生人群占据重要部分，大学生是一批人数众多、具有青春活力、经历过高水平教育培训的专业人群，而这群人也是受到各种体育赛事人力管理部门最为青睐的招募对象。而赛会期间常常会出现志愿者要承担高强度、高负荷的工作，反复重复的工作内容与自我时间安排相冲撞、长时间工作产生焦躁情绪等情况。这些情况都会影响志愿者的服务热情和服务效率，如何调动大学生体育志愿者的服务热情，让他们发自内心地积极主动参与到志愿服务中，同时避免大学生在志愿服务过程中出现人员流失、工作自由散漫的状况并掌控大学生体育志愿者这个庞大的资源，构建合理高效的大学生体育志愿者激励管理模式是需要重点研究的问题。针对以上问题，本研究基于武汉军运会的实践经验，进行了多方面的研究，通过文献研究、内容分析和比较分析等多种方法，提出大学生志愿者服务激励机制建立与运行方式的创新性建议。

（二）研究意义

1. 理论意义

健全完善志愿者激励体系、力求形成科学有效的志愿者激励管理模式直接影响着志愿服务的积极性，从长远来看，对加强我国大学生志愿者赛事服务激励机制、管理机制等同类研究都有着重要的理论研究价值。

从 2008 年奥运会成功举办至今,我国在大型活动志愿者管理激励方面的研究已经相对成熟,研究重点多样,覆盖面也较为广泛,围绕志愿者工作的机制设计也趋于成熟。但在针对本文讨论的相关体育赛事时,却很少出现针对大学生体育志愿者激励相关的理论和实践性研究,借助双因素理论探讨大学生体育志愿者有效激励方面的研究更是少之又少。

大学生志愿者作为志愿群体中素质水平较高、学习能力较强、人数最多、最具青春活力的专业群体,是大型体育赛事公开招募志愿者时最青睐的对象,拥有一个良好的志愿者激励管理机制能够更好地发挥大学生志愿者的力量。

目前来看,社会志愿活动中的志愿者管理普遍是根据马斯洛需求层次理论中的五层需求,将五层需求由低级到高级逐渐递进调整大学生志愿者在体育赛事志愿服务工作中的积极性,这种激励方法过于限制与机械,往往无法发挥良好的激励效果。因此,本课题的研究将从双因素理论的角度,从健康因素和激励因素的角度,重点研究大型体育赛事志愿服务活动。大型体育赛事存在政策和制度保障不足、资金支持不足、绩效考核环节略显薄弱等问题。在激励因素方面,存在志愿者精神缺失、社会对志愿服务的认知度不高、培训不足等问题。

2. 实践意义

首先,有助于大学生志愿者参与的积极性。大学生志愿者赛事服务激励研究有助于充分调动在校大学生积极参与各类体育赛事和为志愿救助服务的热情,传承志愿精神。大学生体育志愿者激励机制的完备与健全,能极大地鼓舞大学生志愿者参与志愿服务的无限热情。在志愿服务活动过程中,通过合理的精神激励机制手段,使在校大学生作为体育运动志愿者能够获得一种物质和社会精神上的双重精神激励,从而能够让他们以一种激情饱满的工作态度不断感染身边的每个人,以高效的志愿服务和高质量不断实现自我创造价值,以自身的工作积极传播"奉献、友爱、互助、进步"的体育志愿服务精神,并将"助人自助"的价值理念渗透到人心深处。

其次,有利于提高赛事的志愿服务质量。建立一套科学合理的体育志愿者服务激励机制，有利于更充分地合理整合高校体育志愿者社会资源，准确定位分析高校大学生体育志愿者们的个人特长与增强团队合作意识，发掘高校大学生体育志愿者职业潜能，做到人尽其才，物尽其用，使其专长与体育赛事举办项目性质相匹配，实现社会资源上的最大化综合利用，从而有效提高高校体育赛事的活动志愿者与服务工作质量，获得社会认可，达到大学生志愿者实现自我价值，体育赛事活动实现赛事服务预期，这样得到一个双赢的结果。

最后，有助于完善大学生志愿者激励管理体系。为其他地区的体育赛事活动提供有益参考。结合武汉市各级别、规格的国内外体育赛事志愿者管理中采用的大学生体育志愿者有效激励的现实情况，以赫茨伯格双因素理论作为支撑，从保健因素和激励因素的角度找寻大学生体育志愿者有效激励中存在的问题，如政策法规不完善、监督机制不到位、培训设置不完善等问题，分析问题并提出有效的改进对策，以此为其他地区体育赛事中的大学生志愿者的激励管理提供有益的参考和依据，也为大学生体育志愿者激励管理方面的研究提供借鉴的意义。

（三）研究方法

1. 文献研究法

文献研究为文献综述的基础，是人文社科的主要研究方法之一。该方法是指对文献资料的检索、收集、鉴别、整理、分析，形成事实科学认识的方法。本课题研究注重对志愿者激励机制相关课题文献资料的阅读学习，选取适用于课题的资料，并对这些资料做出适当的分析，总结出大型体育赛事志愿者激励机制相关问题。

2. 内容分析法

内容分析法的原理是对文献内容所含信息量及其变化进行分析，从而达到对文献内容进行可再现的、有效的推断。本课题研究运用了解读式内容分析法，通过精读、理解并阐释相关研究文献内容来理解研究者的意图，真实、客观、全面地反映文本内容的本来意义，同时进行具有一定深度的分析,从而更深层次地学习志愿者激励机制的产生与发展,为完善相关机制提供理论基础。

3. 比较分析法

为更好地了解志愿者激励制度的内涵与提升方向,本课题研究采用对比分析的研究方法,通过对比不同类型赛事的志愿者激励管理体制、不同激励管理制度下志愿者工作服务表现、不同时间段志愿者激励体制的有效性来归纳在大型体育赛事中志愿者有效激励的制度与方法。

二、文献综述

(一)概念介绍

1. 志愿者

"志愿者"一词源于西方,为"Volunteer",来源于拉丁文 valo 或 velle,意思是为"希望、渴望",志愿者通常被认为"为了改善社会福利,除了个人工作和事业以外,自愿投资精力,技能和工作经验的人,法律没有要求并且追求个人利益的人"。《中国志愿服务大辞典》中,狭义的志愿者是指在志愿服务组织登记,不以获得报酬为目的,非被迫帮助他人和服务社会的个人。志愿者这一概念包含以下要义,即志愿者行为是自愿的,志愿者的行为应当是不求物质报酬的、利他的,具有奉献精神,热心公益事业,非被迫为促进社会进步和发展而贡献自己的时间、精神、知识、资源等。在中国香港,志愿者被称为"义工",从事的是义工工作。在中国台湾,志愿者则被称为"志工"。

2. 大学生志愿者

大学生志愿者是指愿意积极投入部分课外闲暇时间,奉献自己的专业知识技能、特长,不计报酬地不是被迫参加的服务他人和社会进步事业的在校大学生们。大学生志愿者特长有着独特的优势,体现在:首先,大学生志愿者具有较强的专业文化素养、较强的学习吸收能力、丰富的理论知识和专业知识储备,可以用来指导志愿服务的实践。其次,大学生年轻,极具好奇心，他们更加愿意主动积极地参加志愿服务，在志愿服务中感受新事物、体验新鲜感，发现志愿服务工作中的新问题，进而提升志愿者服务整体质量。最后，大学生需要知行合一，除了理论学习，实践经验对他们来说也尤为重要。大学生普遍具有很高的参与热情和工作热情。

3.体育志愿者

关于"体育志愿者"只有日本体育白皮书对它给出了明确的概念界定，认为体育志愿者是不以谋取物质报答为目的，向社会、社区、个人以及体育团体提供自身的劳动、技术本领和时间的群体组织。在我国，体育志愿者分为"大众体育志愿者"和"体育赛会志愿者"。大众体育赛事志愿者一般是指不为社会谋取任何物质利益或报答的专业人员，利用自己的体育理论知识和专业技能，通过社会登记和专业培训，可以无偿为群众从事日常体育活动提供体育指导和咨询服务；体育赛会志愿者，一般是指由国家权威体育组织部门主办，由某一地区政府承办，利用业余时间为多个单项体育竞赛或活动组织提供免费体育志愿服务的特殊群体。体育志愿者的基本特征就是无偿、自愿和非职业化。从体育运动诞生到今天，志愿者一直伴随和推动着体育运动的不断发展。

综上所述，大学生体育志愿者可以简单概括为：愿意利用在校课余时间为某一单项体育赛事活动或奥运会、军运会等国际体育赛事提供志愿服务的体育志愿者，包括服务期间指导、翻译、医疗救助、礼仪等工作，而不求任何物质奖励的人。

（二）国内研究现状

我国体育志愿者发展较晚，相关理论构建暂不完善，关于体育志愿者志愿服务如何实现规范化、制度化的管理运行，尚在经验积累阶段。大学生体育志愿者服务的研究更是在逐步探索中，多数仅仅将青年体育志愿者或者大学生体育志愿者这个整体作为研究对象，很少有人关注作为大学生体育志愿者在大型体育赛事中工作激励机制相关研究。

苗大培（2004）在《构建我国体育志愿者组织的理论探讨》中提出了

社区体育志愿者的相关理论，并对其进行了详细、完整的研究。苗大培认为，非营利性体育志愿者将在中国大众体育的发展中发挥非常重要的作用，借鉴第三部门的指导和相关理论。相比于美国、英国等这些十分重视体育志愿者对国家发展能起到很好作用研究的国家，体育志愿者在我国还限制在基础层面上，这样的研究并不能对我国体育志愿者的发展产生较大的发展和促进作用。

周学荣、谭明义（2003）在《对发展我国群众体育志愿者队伍的思考》中发现群众体育志愿者团队是一个重要的力量，在中国群众体育的发展中，而且是非常有必要开发我国的群众体育志愿者团队。

汪志刚等人（2019）在《体育赛事志愿者管理对志愿者响应的影响——社会资本的作用》一文中从社会资本的角度，探讨了志愿者管理对体育赛事志愿者个人效用的影响。影响因素包括体育志愿者的满意度和工作投入。研究表明：体育赛事志愿者管理活动有助于志愿者有效累积社会资本，提高志愿者对志愿者工作的满意度，提高志愿者工作的主动性，促进体育事业的发展。志愿者的服务质量提高了大型比赛的整体服务水平。

对于志愿服务的价值、功能与动机方面的研究，李良进（2002）在《青年志愿者行动的社会功能研究》一文中分析了青年志愿者行动对社会个体及社会整体的所具有的功能。第一，从青年志愿者自身的角度来看，志愿服务是青年参与社会活动、接触社会的重要途径，有助于青年融入社会，实现个体社会化；第二，从社会保障制度的角度看，青年志愿服务是对政府保障制度的补充，弥补了基层落实社会保障的不足；第三，从维护社会稳定的角度看，青年志愿服务是一种重要的社会融合机制，能够传递人间真情，消除社会优势群体与弱势群体之间的隔阂，缓和社会矛盾。郝艳艳（2010）在《群众体育志愿者激励机制探讨》一文中对群众公众体育志愿的激励原则和激励机制进行了分析和研究，分析了社会激励机制、组织激励以及自我激励机制三种激励模式。在其他文献资料中还有其他学者将大学生参与志愿服务的推动因素归纳总结提炼为几个方面：自我实现的成就感、团队归属感、权利动机、自我学习成果检验、自我提升动机、人际交往和寻求新的生活体验等。

通过阅读文献可以看出，目前学者们在大学生体育志愿服务的诸多方面都有了研究，多多少少涉及对大学生体育志愿服务行为、价值、体育志愿服务管理的研究，加深了我们对大学生体育志愿服务的认识，推动了我国体育方面志愿服务事业的发展。但对大型体育赛事中大学生体育志愿服务激励机制的相关研究广泛而不精，不够系统和全面，多为管理研究中的一个层次，其研究针对性不强，大学生体育志愿者激励机制的研究有待拓展。

（三）国外研究现状

国外志愿服务发展成熟，有着完善的志愿服务管理办法，进入了规范化、高度组织化的阶段。西方国家的志愿服务工作得到了人民群众的普遍支持认可，促进了西方国家文明进程。志愿者活动在社会生活的各个角落。国外关于志愿人员服务管理进行了大量的科学研究，许多理论已经成熟。但对大学生参与体育志愿者活动相关问题的研究很少，也缺乏对大学生体育志愿者激励机制的研究。

Graham 和 Alistair（1999）在研究中指出，许多依靠志愿者服务的体育组织都面临志愿者流失的困境。后续研究发现，体育组织中志愿者的流失与组织的承诺密切相关。同时，男性参与体育志愿服务的意愿普遍高于女性。

David（1999）认为悉尼奥运会组委会面临的挑战为：一是如何为大型奥运会招募大规模且合格的体育志愿者；二是如何在奥运会期间保持体育志愿者的积极性。

Geoff（2009）的研究指出了赛事志愿者管理投入和志愿者两大要素对培训体育赛事志愿者管理活动的重要性。体育赛事应该投入更多的精神到志愿者活动中，改善他们的工作条件和环境。这样有利于吸引更多的社会群体加入体育志愿者服务，扩大体育志愿者队伍，提升体育志愿服务水平。

三、现状分析

（一）信息渠道

大学生志愿者获取体育赛事志愿服务信息的渠道是多样性的，主要有浏览网站、政府向社会发布志愿服务需求信息、他人介绍、学校组织通告、各种媒体手段的宣传、校内宣传海报等。通过问卷调查发现，大学生志愿者参与体育赛事志愿服务主要是通过学校内部组织发布招募信息和各种媒体宣传的方式参与进来，以此为体育赛事提供无偿的志愿服务，比例分别为 26% 和 19%。校内各个学院的志愿者协会常常与体育赛事志者管理团队合作，帮助它们发布招募信息以及选拔出符合要求的大学生体育志愿者，协助体育赛事志愿者管理团队完成志愿者招募工作。如图 1 所示。

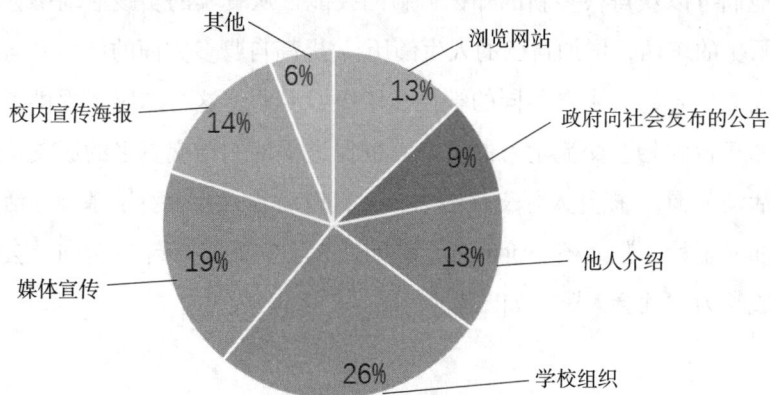

图 1　体育赛事服务信息获取渠道

（二）基本动机

尽管体育赛事志愿者主要来自高校的大学生，但是每个人参与志愿服务工作的动机不同，对自身和赛事期望也各有不同。分别为以下五种参与动机：（1）积累社会实践经验，丰富社会阅历，提升自我价值；（2）结交新朋友，扩大交际圈；（3）获得一定的工时奖励，并能奉献爱心，获得帮助他人后的成功感和满足感；（4）朋友或身边同学的影响；（5）使自己的技能和所学知识能够被社会所用。

从调查结果可以看出，"积累社会实践经验，丰富社会阅历，提升自我价值"、"获得一定的工时奖励，并能奉献爱心，获得帮助他人后的成功感和满足感"两个参与动机是大学生体育志愿者选择最多的。大学生参与社会实践的机会少，缺乏实践经验，所以想通过参加各种体育赛事志愿活动获得更多的课外实践经验，丰富自己的见解。同时大学生文化知识水平高，能够准确认识自身价值，具有一定的社会奉献价值，希望通过体育志愿活动实现自身价值和社会价值。

参加大型的志愿服务活动有利于大学生由"校园人"向"社会人"的转化：涉世不深的大学生社会经验少，对社会认知肤浅，通过参加大型的赛事志愿服务活动，他们能够了解到更宽阔的社会和人生。在服务的过程中，他们可以获得很多新的知识、新的技能，从真实的实践活动中去获得原本陌生的东西，增加自己的人生阅历，提高自身多方面的能力。与此同时，大学生志愿者来自不同的学校、年级、专业。这为志愿者提供了一个广阔的舞台和相互交流学习的机会，也促进了他们结交更多的朋友，拓展社交活动范围，提升人际交往能力，为其以后步入社会奠定基础。活动中同时加入了社会主义核心价值观，将推动大学生更加成熟，走向社会化，促进成长为"社会人"。如图2所示。

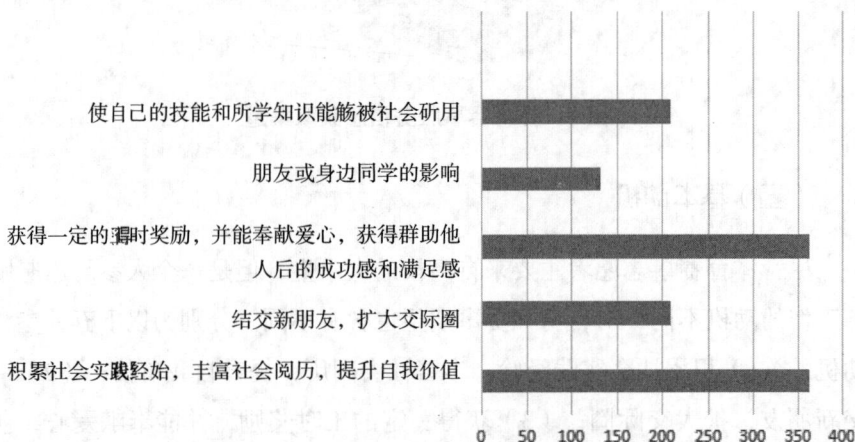

图2　大学生志愿者参与体育赛事的动机分析

四、存在问题

（一）工作时长差距大

武汉军运会赛会志愿者服务岗位含抵离服务、礼宾接待、语言服务、交通引导、安全保卫、医疗卫生，观众服务、竞赛组织支持、场馆运行支持、军运村运行支持、新闻运行支持、文化活动支持、特许商品推广支持13 个大类。

军运会大学生体育志愿者的工作时长会因工作岗位的不同而不同，根据与军运会大学生志愿者的访谈中了解到，各志愿工作岗位的工作时间差别较大。军运会赛会时间较长，在志愿服务期间不是每一位大学生志愿者都可以长时间始终以高昂的热情从事志愿服务工作。参与服务时间越长，并且了解到其他志愿者工作时间比自己短，会导致大学生体育志愿者产生消极的服务情绪，严重的甚至会导致服务质量下滑，而造成这些情况的根本原因是管理人员没有准确掌握人力资源配置的适量和适度范围。

（二）培训设置不完善

由于青年大学生这一群体的局限性，必然会出现社会工作经验不足的情况，这种情况也限制了大学生提供志愿服务的能力。由于长期处于"象牙塔"中，与正式员工相比，大学生志愿者的社会交往技能和志愿服务技能仍然缺乏。大型比赛对志愿者服务技能的要求相对较高，而且还没有经过一定的阶段。大学生志愿者很难很好地完成他们的志愿者工作。因此，对大学生志愿者进行系统有效的相关能力培训是使其适应高强度、重负荷的大型志愿服务活动，成为服务能力和技能素质过硬的青年志愿者必不可少的过程。

按照军运会执委会组织制订的每年大学生体育志愿者的技能培训计划内容，大学生体育志愿者一般会在赛前赛后进行 4 个部分的技能培训，包括：赛前通用技能培训、专业培训、岗前技术实训和综合行动技术演练，据调查，40% 的大学生志愿者认为赛前培训内容对了解和熟悉志愿服务工作比较有效，有 7.3% 的大学生志愿者认为培训对了解和熟悉志愿服务工作效果一般，有 4.7% 的大学生志愿者认为培训对了解和熟悉志愿服务工作是非常有效的，仅有 5.8% 的大学生志愿者认为基本没有效果。

造成培训效果不佳主要反映在以下四个方面。

1. 培训内容缺乏专业性。此次军运会大学生志愿者培训主要由北京外企人力资源服务有限公司、志愿者通用培训专家和骨干志愿者共同完成授课，培训水平参差不齐，尤其是线下面授主要按照个人的理解和经验进行培训，缺乏专业性。

2. 培训方式缺乏针对性。军运会招募的青年大学生男女志愿者大多来自不同专业年级、不同学科专业，个人兴趣和爱好和职业专长特点也有所不同，接受知识能力与实际理解能力之间往往有较大差异，对参与志愿服务的期许也各有不同，因此，赛前通用培训没有充分考虑大学生体育志愿者的差异性，所有参与志愿工作的大学生志愿者都使用同一种培训方案，这与达到因材施教的效果背道而驰。

3. 线上和线下的培训效果相差较大。虽然军运会通用培训分为线上培训和线下面授两种方式进行，但线上和线下的培训效果相差较大，线上效果明显没有线下效果显著。线下面授主要内容为：志愿团队协作意识、摄影创作技巧、赛会活动志愿者文明服务行为、媒体互动沟通、志愿团队精神、情绪与赛会压力状态管理和安全事故防范与赛会应急事件处理等课程内容，其余相关课程均在线上进行，场馆知识和军事基本常识等相关重要课程都是在线上平台进行培训。这极大地影响到大学生体育志愿者对志愿服务岗位的了解和熟悉程度。

4. 突发事件处置应对能力欠缺。在对军运会志愿者服务过程中遇到的困难进行调查的过程中，发现部分大学生志愿者在课程之外仍然遇到困难，主要原因是他们缺乏体育知识。在大型比赛中，大学生志愿者主要为运动员和裁判员服务，其服务主要围绕训练和比赛展开。因此，在服务过程中不可避免地会有很多关于体育知识的交流。通常，如果不是体育迷，体育知识的积累肯定会少。而且，大多数大学生的日常生活也以学习为中心，必然缺乏相关的体育知识。因此，遇到服务这一方面时将很难进行沟通，这将影响服务的质量。

（三）岗位安排不合理

大学生体育志愿者在志愿者招募之前会根据自身喜好和专长选择志愿者岗位，此次军运会在武汉市 60 所高校中大约招募了 0.6 万名大学生志愿者，而军运会执委会为本次赛事共安排了 13 种服务岗位。由于招募人数过多，在岗位分配上采用先招募再分配的原则，这就容易导致工作岗位分配不完善的问题，主要表现在以下两个方面。

1. 竞赛组织部门招募进来的大学生志愿者中涉及竞赛管理相关专业的人数远不及其他专业的人数，所以这就导致在岗位分配中错将部分竞赛组织专业方向的大学生志愿者分配到其他岗位中。这就会出现非赛组织专业的大学生志愿者在志愿服务中出现服务吃力等情况，而错失分配到其他岗位的专业性大学生志愿者会不满足于工作的挑战性，会出现服务态度消极化、工作散漫等情况。

2. 在志愿服务过程中，有部分志愿者表示，岗位分配中尊重志愿者的主体意愿不够，出现"一刀切"现象。对志愿者进行岗位安排，早起晚归影响志愿者自身心态。志愿服务结束之后，很多大学生志愿者还要急忙赶往学校去上课，志愿者的就近原则调度体现不强。

五、成因分析

（一）政策法规不完善

在全球综合治理的法制化进程之下，志愿者立法保障变得至关重要。但是通过我们查阅的相关资料可以发现，在 2016 年 9 月发布的《武汉市志愿服务条例》中，其中第十一条规定，"志愿者享有以下权利：获得与所从事的志愿服务活动相关的信息、必要物质条件和安全保障"。虽然该条例明确说明了志愿者享有的权益保障范围，但是没有对志愿者权益做出详细的明确规定，没有阐明具体是哪些方面的物质条件和安全保障，所以在实施过程中产生的效果不是特别理想，在具体实践过程中还需要进一步完善法律法规，贯彻落实到位。

根据赫茨伯格的双因素理论阐述，在保健因素中，法律和制度的保障是最基础的也是最重要的，它代表了志愿者管理中思想和行为上的标尺。虽然，我国的部分地区已经相继公布了关于保障志愿者的法律和规章制度，但是所颁布的志愿者法律和规章中却没有针对大学生志愿者制定的法律和规章制度。在大学生志愿者的管理中，由于针对大学生志愿者的法律和规章制度的缺失，大学生志愿者在工作中获得的权益保障也相对较少。

（二）考勤管理不规范

绩效评估在赛事有效运行的过程中起着不可估量的作用。它不仅有利于及时发现突出问题、有利于服务目标的正确实现、有利于有效促进公益组织与社会志愿者的和谐成长与共同发展。在绩效评估中考勤管理系统是最基础，也是最为重要的一环。随着我国信息化工业社会的不断强大，体育赛事多半会采用移动应用管理软件方式进行现场考勤记录，这样我们可以将客观上的评估与主观上的评估结果相结合，以便更好地准确反映体育志愿者的实际工作绩效，但同时也存在使用缺陷。

在军运会期间，军运会执委会主要依托"志愿汇"考勤管理系统进行志愿者考勤管理，"志愿汇"在军运会赛会期间，是用来计量大学生体育志愿者参与志服务工作时间的仪器。军运会执委会志愿部以"志愿汇"为载体，推出"志愿汇"志愿者线上考勤记录平台，借助计算机互联网平台科学记录每位大学生体育志者服务时间的数据，以此作为激励表彰志愿者的主要依据。在与一些大学生志愿者进行采访中得知，我们有一部分大学生志愿者对"志愿汇"的实际使用不是很感兴趣，主要问题集中在"志愿汇"考勤管理系统的考勤时间选择固定，而高校赛事组委会赛前制订的志愿者到换岗时间灵活，这就与"志愿汇"考勤管理系统中的时间选择区间相冲突，导致一部分大学生志愿者无法在考勤管理系统中录入到岗时间，管理人员无法实时了解到每个岗位的运行情况,无法根据每个大学生志愿者的考勤情况进行绩效评估,最终会影响到大学生志愿者的工作积极性。总的来说,单从考勤这一方面,大学生志愿者参与体育赛事志愿服务工作的效果不能通过"志愿汇"绩效评估结果全面地反映出来。换句话说,考勤管理体系不够完善,有待改进。

(三)监督管理不到位

军运会采用的志愿者管理部门多采用"大队长、中队长、小队长"的管理形式进行监督,而这种管理形式会带来监督管理不到位的问题:大队长通常选用高校教师和学校团委工作人员担任,中队长主要由校团委学生代表担任,而小队长则从参与志愿服务的大学生志愿者中选出。大队长主要指导并监督大学生体育志愿者的工作,中队长负责整个岗位的监督并兼自身志愿服务工作,而小队长主要负责岗位再分下的工作监督。但是面对与志愿者密切接触的中队长和小队长,他们都属于高校大学生志愿者,虽然同级监督会更有亲近感,能得到更好的监督效果,但是恰恰同为在校大学生,他们会因同学关系包容一些事实情况或者因小队长上课脱离岗位而无法得到监督,从而无法将实际情况在例会中进行反馈与沟通,因而影响当天的管理。

六、改进对策

(一)培训的专门化和体系化

对大学生体育志愿者进行培训,一方面可以提升大学生体育志愿者的专业素质能力,为体育赛事提供高质量的服务;另一方面可以满足大学生体育志愿者实现自我价值的需求。因此,对大学生体育志愿者自身和体育赛事组委会来说,拥有健全的培训机制变得至关重要。

由于军运会招募的志愿者大都是来自不同学校的学生且人数众多,鉴于军运会志愿者的特殊性,针对大学生体育志愿者培训所存在的问题,结合访谈调查中大学生体育志愿者以及管理人员的建议，我们提出下面的解决对策。

第一，在设定培训内容和培训形式之前，体育赛事志愿者培训机构要在相关专业人员的指导下，对培训进行科学性的需求分析。首先培训人员要了解参与培训的大学生体育志愿者的人员数量，再结合大学生体育志愿者的特点和水平规划培训内容，最后再结合赛事服务的现实情况制订出合理化、标准化的培训方案。针对培训对象具有不同专业和不同兴趣趋向的特点，相应开展不同的培训课程。同时也要明确培训内容，缩小大学生体育志愿者与工作岗位之间的差距。

第二，在培训实施阶段，采用大班制和小班制相结合的方式传授培训课程，大班制有利于方便学员与学员之间、学员与培训老师之间讨论交流，小班制则有利于因材施教，在培训方式上可以采用情景互动、视频案例分析、示范教学、团队讨论等多种形式进行教学。

第三，在培训的具体内容上，要加强大学生志愿者的线下面授培训，其次是线上培训，把重要性极强的培训课程（如场馆管理、军用基本常识）安排在线下面授。在培训结后，还要进行全方位的效果评估。根据评估结果，总结培训中所出现的失误以及找寻解决办法，能让培训内容更具专业性和系统性。

（二）人员分配的优化

基于军运会志愿者工作时长差距大的问题，我们认为服务工作的时间幅度差距较大，主要是管理人员没有准确掌握人力资源配置的适量和适度范围。各高校志愿者管理部门在招募大学生体育志愿者之前，应该提前对各个工作岗位的参与人员数量进行预估。在大学生体育志愿者招募过程中应将工作岗位需求、大学生体育志愿者的专业领域和大学生体育志愿者参与动机三者合理结合起来进行选择，并依照各个工作岗位的重要程度，适度、适量安排大学生体育志愿者人数，例如专业程度较大、服务人数过多的工作岗位应提供充足的人员参与志愿服务，而像交通保障处这样工作强度小的工作岗位应按照实际情况适量安排，以防造成大量志愿者无事可做的情况出现。

（三）岗位分配的精准进行

针对军运会中岗位安排不合理的问题，每个大学生在成为志愿者之前都会填写涉及自身兴趣爱好、专业技能以及兴趣岗位的意向表，执委会志愿部的管理人员会根据每个志愿者的填写内容以及面试情况，对其进行岗位上的分配，根据志愿者意向较多的人数进行相似岗位调度且及时跟志愿者沟通，尊重赛会志愿者主体地位。同时在实际情形中，会出现专业性极强的服务岗位（如竞赛组织、新闻运行、医疗卫生等岗位）中专业性大学生志愿者远少于非专业的大学生志愿者的情况，针对上述情形，我们提出以下解决对策。

在大学生志愿者招募环节就要对大学生志愿者的参与动机和专业领域进行调查，管理者需要将工作岗位需求、大学生志愿者的专业领域和大学生志愿者参与动机三者合理结合起来进行调配，志愿者工作部门管理者应将正式上岗的大学生志愿者按其需求和专业领域优先安排进相应专业领域的服务岗位中，再将非专业性大学生志愿者按其需求以填充的方式安排进这些岗位中，同时高校在志愿者招募中实行边招募边分配的原则，达到"人适其岗，岗得其人，人尽其岗，岗尽其效"的目标。

七、结语

奥运会、冬奥会和军运会等国际性大型赛事相继开展，可见目前我国对于体育赛事已经越发重视，并提供了许多支持。而一场成功的大型赛事的举办，单纯依靠运动员、裁判是远远不够的，还需要赛事志愿者的无私奉献与付出，为赛事服务。赛事志愿者来自我国不同地区、城市、学校、专业，年龄跨度也相对较大，其中，大学生志愿者占据重要地位，可以说是赛事志愿者的主要力量，是赛事志愿服务中的主力军。

然而，我国目前对大学生志愿者的管理机制并不成熟与完善，特别是在对他们的有效激励上。本文就体育赛事中大学生的激励机制做了广泛研究，深入调查，发现目前存在志愿者工作时长差距大、服务培训设置不完善、志愿岗位安排不合理等问题，分析成因，提出了专门化与体系化地进行志愿培训、优化志愿者人员分配并且进行岗位的精准分配等改进策略，以供参考。

本研究虽然创造性地从大学生志愿者的激励机制出发，提出了制度化、专业化、体系化的志愿者管理与培训方法，但仍然存在不足之处：有一定局限性，受限于地域，本研究仅针对武汉军运会进行探讨分析，相对局限；研究对象单一，仅限制在大学生中的志愿者这一群体；研究方法不够科学，局限于专业和时间，本研究仅采用了比较分析法等相对简单的方法，未开展问卷调查。本文研究内容和深度尚浅，衷心希望广大研究人员、学者可以积极提出有建设性的意见与建议，分享各自研究之中的经验与教训，扩展研究对象，使用更加科学的研究方法，得出更为科学和符合实际的结论，为创建构造一套普遍适合大学生志愿者在大型赛事之中特别是体育赛事里的激励机制而贡献一分力量。

参考文献

［1］王译. 第七届世界军人运动会赛会志愿者工作满意度研究［D］. 武汉体育学院，2020.

［2］姚韦伟，张芳. 弘扬军运精神 凝聚志愿力量——湖北省武汉市志愿服务再上新台阶［J］. 中国社会工作，2019（33）.

［3］聚志愿力量 铸军运辉煌［J］. 中国共青团，2019（11）.

［4］周雨凡，黎珂. 浅析军运会语言类志愿者服务研究［J］. 英语广场，2019（01）.

［5］彭辉辉. 高校志愿服务育人激励模式探索［J］. 经济研究导刊，2020（31）.

［6］宋怡琳，李嘉如，林荣慧. 志愿服务激励机制现状、问题与对策——以广州市和佛山市为例［J］. 就业与保障，2020（23）.

［7］崔子禕，张成钢，金小蕾，等. 健康促进志愿者志愿服务影响因素

及激励机制研究[J].中国社会医学杂志,2020,37(06).

[8]徐绘,冯宏伟,冯宏图.大学生志愿者服务激励机制建设研究[A].中国智慧工程研究会智能学习与创新研究工作委员会.2020万知科学发展论坛论文集(教育管理篇)[C].中国智慧工程研究会智能学习与创新研究工作委员会:中国智慧工程研究会智能学习与创新研究工作委员会,2020.

[9]苗大培,魏来,林洁,等.构建我国体育志愿者组织的理论探讨[J].体育科学,2004(09).

[10]周学荣,谭明义.对发展我国群众体育志愿者队伍的思考[J].中国体育科技,2003(09).

[11]李良进.青年志愿者行动的社会功能研究[J].青年探索,2002(06).

[12]Virgnia Oprisan.(I999).Aspects and tendencies of voluntary work in Romanian.Paper presented at the Volunteers Global Society and the Olvmnic Movement Conference.Lausanne.November 24-26.

[13]David Brettell.(1999).Sydney Olympic and Paralympic Games 2000.Paper presented at the Volunteers,Global Society and the Olympic Movement Conference,Lausanne.November24-26.

[14]汪志刚,徐丕臻,沈克印,等.体育赛事志愿者管理对志愿者响应的影响——社会资本的作用[J].体育学刊,2019,26(01).

[15]Geoff Nichols,Ellen Ojala.Understanding the Management of Sports Events Volunteers Through Psychological Contract Theory [J].VOLUNTAS:International Journal of Voluntary and Nonprofit Organizations,2009,20(4).

[16]孙士强.基于双因素理论对高校青年志愿者组织工作开展的探究[J].教育现代化,2019,6(68).

[17]熊继红,张宇飞,史桂瑛.军运会对武汉城市影响力研究[J].合作经济与科技,2021(01).

优秀传统文化传承与创新

——以中华古诗词吟唱为例

刘诗卉

（中南财经政法大学校团委）

摘　要： 中华优秀传统文化源远流长，博大精深，是我们伟大民族的根脉和基因。"中华古诗词吟唱"以中华优秀古典诗词作品为翼，将现代吟唱方式作桨，传承与创新着优秀的中华传统文化。本文以中华古诗词吟唱为例，研究优秀传统文化的传承与创新，通过课堂教学实践、艺术美誉教学实践、社团及工作坊建设等方法，引领学生自觉接受中华优秀传统文化的熏陶，通过"吟唱"传承中华文化道德精神，诵读唐宋诗词铿锵美韵，让中华民族文化基因与新时代文化更好地融合、创新和发展。

关键词： 中华古诗词吟唱；中华优秀传统文化；美育；文化传承

一、研究背景与意义

（一）研究背景

党的十八大以来，习近平总书记多次用精神命脉、重要源泉、坚实根基、突出优势、最深厚的软实力来说明中华优秀传统文化的地位和作用，为其传承和创新发展指引了方向，他强调"用中华民族创造的一切精神财富来以文化人、以文育人，决不可抛弃中华民族的优秀文化传统"。高校作为交流思想、传承文明、培养人才的主阵地，必须把增强大学生文化自信融入高校思想政治教育和人文社会科学教学的全过程。

中南财经政法大学始终贯彻落实习近平新时代中国特色社会主义思想和全国教育大会精神，按照上级教育主管部门部署要求，立足学校特色和实际，决定将"中华古诗词吟唱"作为学校传承中华传统文化的申报项目，立足学校一流学科建设基础和人文社科特色，进一步挖掘中华优秀传统文化价值内涵，构建具有人文社科特色、财经政法特点的中华传统文化传承发展体系。

（二）研究意义

"中华古诗词吟唱"（以下称"吟唱"）是用介于朗诵与歌唱之间的现代吟唱方式，音乐性、艺术化、时尚感诵读中华优秀古典诗词作品的表现形式。根据不同作品表达的思想，融入具有时代感的音乐和情感，依托课堂教学、第二课堂艺术美育教学及实践、社团及工作坊建设等，引领学生自觉接受中华优秀传统文化的熏陶，通过"吟唱"传承中华文化道德精神，诵读唐宋诗词铿锵美韵，让中华民族文化基因与新时代文化更好地融合、创新和发展。

在学习借鉴第一批已获立项的传承基地项目"中华古诗文吟诵和创作"（北京、上海）基础上，本文研究的"吟唱"项目侧重传统文化传承形式上的创新，一方面更符合新时代文化特点，更易于当代青年学生接受，另一方面也借此项目挖掘、弘扬湖北楚文化及中华传统文化的深刻内涵，除华北、华东地区已有传承项目外，也可代表华中地区高校做好传承工作。

二、研究目标

依托中华传统文化传承基地，通过三年的建设时间，探索构建具有湖北地域文化特点和中南大特色的中华传统文化传承发展体系，以点带面，重点围绕"吟唱"项目做好中华优秀传统文化教育普及、保护传承、创新发展、传播交流等工作。一方面进一步加强中华优秀传统文化相关学科建设，建立优秀文化传承推广机制，完善学生艺术展演制度，推进中华优秀传统文化、非物质文化遗产进校园、进课堂、进社团；另一方面搭建学生美育实践平台，在继续完善"吟唱"等现有中华传统文化品牌项目基础上，持续打造"一院一品""一校多品"，聚力打造在全国、全省有影响力的品牌项目。

三、研究创新点与特色

（一）"吟唱"的文化价值

一方面体现了中国汉语古诗文的"活态"。因其包含了很多语言本身所无法完全表达的意义，同时，也是中华文化传统基础上的丰富和创新，是传承中国文化精神的重要手段，通过"吟唱"形式，引导学生深刻理解中国文化对世界和人类产生的重要影响和积极贡献，在坚持"四个自信"中更直接地理解"文化自信"的深刻内涵。

另一方面是进行学生德育、美育的创新形式。"吟唱"相对于朗（诵、阅）读而言，是一种更高效、更有趣的学习方法，既培养了青年学生的创新创造力，展示了青年学生个性，也在教育和实践过程中培养了学生高尚的道德情操、文化品格和社会责任，树立学生健康向上的审美观和正确的价值观。

（二）传播方式的创新

一是将诗歌与音乐相融合。"吟唱"中音乐是诗歌的灵魂，因而传统诗歌的时代发展和音乐密切相关，诗化的音乐能够使现代流行音乐展现出更旺盛的生命力，在品味诗词的过程中，音乐的感染力能够赋予古诗词新的生机和活力，优美的旋律承传了经典诗词，也使中华传统诗词生命力再次扩张。

二是中国与国外文化艺术相融合。在这一过程中将中外不同乐器等有效融合，突出古为今用、洋为中用，更好地表现中华古诗词的兼蓄并包，感受中国语言与世界融合产生的艺术之美，显现中国"新经典"的文化价值、文化魅力。

三是经典与时尚相融合。当代流行音乐创作中须吸取古典诗词的养分，借助古诗词中的语句、意境抒发当代人的情感，也顺应了新时代文化创新的趋势。

四、建设基础

（一）学校建设优势

我校是教育部直属的一所以经济学、法学、管理学为主干，兼有哲学、文学、史学、理学、工学、艺术学等九大学科门类的普通高等学校，是国家"211工程"高校和"985工程优势学科创新平台"项目重点建设高校。2017年9月，学校入选世界一流大学和一流学科（简称"双一流"）建设高校及建设学科名单。在学科建设方面，学校新闻与文化传播学院、中韩新媒体学院承担"文学""艺术学"的学科建设和课程教学任务，多学科交叉融合、协调互动，通过优势学科、品牌专业、精品课程、优质教材、主讲教师形成人才培养合力；在科学研究方面，近年来，学校国家社科基金立项数基本稳定在全国高校前列，财经、政法类高校第一的位次，尤其是2013年获得代表我国社会科学研究领域最高水平的"高等学校科学研究优秀成果奖（人文社会科学）"9项，斩获该奖项全部等次和类型，体现了学校在人文社科领域一流的科研实力。

（二）专业教学资源

负责"吟唱"项目教学任务的新闻与文化传播学院成立于2004年9月，学院的文学、艺术等专业的开办源头是1948年中原大学创建之初设立的新闻系和文艺学院，学院现下设新闻传播学系、中国语言文学系和艺术系，开设了新闻学、广播电视学、汉语言文学、数字媒体艺术和网络与新媒体五个本科专业，拥有新闻传播学及中国语言文学一级学科硕士学位授予权和新闻与传播专业硕士学位点，新闻传播学为湖北省重点学科，中国语言文学为学校重点学科。同时，设有世界华文文学与传媒研究中心、文化传播研究所、法律与文学研究所、数字媒体艺术研究所、戏剧影视研究中心和儿童文学创作与研究中心等研究机构。另外，新闻与文化传播学院建有国家级实验教学示范中心——中南财经政法大学传媒与艺术实验中心，下设报刊编辑室、广播编辑实验室、广告设计实验室、电视采编实验室、摄影摄像实验室、拉片实验室、虚拟演播室等10个功能实验室，为吟唱视频录制、展播、数字化编辑等提供有力支持。

（三）前期工作基础

1. 前期研究成果成功获批

项目前期研究成果已成功获批"武昌区非物质文化遗产代表性项目"（2019年10月），该项目负责人为教育部语言司中华吟诵协会专家组成员、我校退休教授劳再鸣老师从1984年开始从事古典诗词吟诵创作，坚持为古典诗词谱曲已有30余年，作品曾获得"国际诗歌吟诵节优秀创作奖""北京世界诗歌音乐节优秀创作奖"，目前已成功出版《古典诗词吟唱曲谱》《古诗的吟唱》等专著6部。

2. 艺术美育社团及工作坊

学校已建设有传承该项目的4个社团及3个大学生艺术实践工作坊，具体用于基地开展项目传承的实践活动、推介和传播项目以及各项与传承项目有关的主题教育和现场实践活动，旨在推进校园文化的创新建设。

3. "文澜小剧场"文化平台

学校精心打造的校园文化育人品牌"文澜小剧场"可作为传承项目后续辐射带动和展示交流的平台，"文澜小剧场"以"普及高雅艺术、提高艺术修养、宣教传统文化"为宗旨，以"小主题、大参与、多层次、开门办剧场"的形式让阳春白雪的艺术走下神坛，与学生零距离接触，至今已成功举办 100 余场，内容涵盖民族乐器、声乐、舞蹈、戏剧、戏曲等多个高雅艺术领域，平均每场观众达 350 人以上，全年观众 6 000 余人，参与演出的学生近千人，学生欣赏表演、参与演出、发布评论、聆听讲座，接受中华优秀传统文化熏陶，真正成为中华优秀传统文化传承创新的参与者和受益者。

4. 寒暑假社会实践

每年寒暑假期间依托学生"三下乡"社会实践、返乡志愿者、支教服务等形式，联系学校所辖街道社区、定点扶贫联系县（区）中小学等，开展传统文化普及教育及宣传展示活动，加强校地、校校间传统文化的深度交流与合作。

五、建设方案

（一）课程教学

1. 开发具有示范效应的中华古诗词吟唱课程体系

加强课程规划与设计，在已开设"大学语文""中国古典文学欣赏""中国古典诗词鉴赏""古典文学与传统文化""古典文学中的中国精神""中国古代文学史""中国古代文论""中国古代诗词研究"等全校性的通识课程的基础上，进一步面向全校本科生、预科生、硕士研究生和留学生开设"中华古诗词吟唱"系列必修课、讲座、沙龙等课程体系；联合国内外古诗词吟唱相关领域知名专家学者，共同打造具有示范性的省级、国家级中华古诗词吟唱系列精品视频公开课。

2. 加强"第二课堂"课程建设

围绕立德树人根本任务，把中华优秀传统文化全方位融入思想道德教育、文化知识教育、艺术体育、社会实践教育各环节，丰富拓展校园文化，依托"第二课堂成绩单"等制度，将艺术实践纳入教学计划，建立艺术实践活动学分记录制度；通过"高雅艺术进校园""文澜小剧场""文澜书香"中华古今经典诗文演绎大赛、"社彩中南"社团展演、"思辨中南"辩论赛、书画展、征文比赛、专题讲座、报告会等系列活动形式，在校内营造了良好的文化传承氛围。

（二）社团建设

根据《高校学生社团建设管理办法》，切实加强对学校笛箫艺术协会、希贤国学社、南风吟诵社等社团建设的管理，充分发挥文化艺术类社团在活跃校园文化氛围，传承中华优秀传统文化方面的功能。加强对相关社团指导老师的审核把关，选配具有较高素养的专业老师担任指导老师，加大对中华古诗词吟唱品牌活动创建的指导和支持力度。

进一步增进教师"香兰古典诗词吟唱社"和学生"南风吟诵社"等师生社团的互动交流，每两周开展一次集体吟唱交流活动，邀请老师和同学交流吟唱心得，互相学习各自家乡的方言吟诵调，增进社员间、师生间的感情，提升学生社团日常培训活动的质量，实现教学相长。

（三）工作坊建设

在充分调研学生需求的基础上，聘请一批校内外专兼职艺术教育教师适时面向全校学生增加开设"吟唱"公共艺术实践课堂，充分运用现代化信息技术手段，逐步购置开放一批高质量中华诗词经典吟唱等方面的美育慕课，扩大优质课程覆盖面；依托校大学生民乐团、管乐团、声乐团、舞蹈团等多个现有学生艺术实践工作坊，在专业教师的指导下，开展相关活动策划、设计、运营等，全方位灵活彰显古诗词吟唱的魅力。

（四）科学研究

在吟唱课程开发、吟唱训练、吟唱实践的基础上，系统科学地推进吟唱教育教学体系提档升级，依托学校科学研究部门和相关学院专业研究中心，积极申报国家艺术基金、教育部人文社科研究、中央高校教育教学改革、高校思想政治工作精品等项目；学校"大学生艺术美育中心"每年发布中华优秀传统文化传承研究和主题实践项目，全方位挖掘、学习和研究传承项目的价值和内涵,积极探索中华优秀传统文化传承机制和实施路径,为进一步做吟唱传承提供理论指导。

(五)广泛开展对外交流活动,增强辐射带动作用

1. 加强"非物质文化遗产"保护推广工作

依托学校大学生艺术美育中心,协助做好武昌区非物质文化遗产传承项目,通过"三下乡"、社区志愿服务等载体,走进周边社区、中小学校,义务宣传、讲解传统文化与文学典籍,定期开展中华古典诗词吟唱交流活动,引导青年学生争做中华优秀传统文化的忠实继承者和弘扬者。

2. 加强吟唱艺术交流研讨

面向所有的吟唱爱好者,定期举办吟唱体验普及活动,坚持倡导,逐渐普及。积极组织参与各类诗词吟唱交流学习研讨活动,创新交流方式,丰富交流内容,共享在传承中华优秀传统文化方面的经验成果。

3. 全媒体宣传吟唱艺术形式

鼓励学校专兼职教师担任《汉字溯源》《荆楚书香》等系列栏目主讲嘉宾,面向公众普及传统文化与文学经典;通过直播、短视频等网站,以青年人喜闻乐见的形式,大力推广优秀吟唱作品,在青年人中树立积极向上的时尚潮流观。

4. 加强中外文化交流互鉴

目前,学校与美洲、欧洲、亚洲、大洋洲的二十几个国家和地区的100余所高校和科研机构建立了广泛的国际合作研究和国际学术交流关系。学校将依托国际教育学院、孔子学院、中韩新媒体学院等,不断丰富中外文化交流的形式和载体,积极宣传推介"吟唱"这一优秀传统文化艺术,讲好中国故事、传播好中国声音、阐释好中国特色、展示好中国形象,助推中华优秀传统文化在国际范围内的传播。

六、建设成果

（一）稳步推进各阶段建设任务

按照本项目三年分阶段建设规划，结合学校美育发展"三年行动计划"以及武昌区非物质文化遗产五年保护计划，学校将稳步推进各阶段建设任务，努力实现培育一批吟唱教学科研团队、制作一系列吟唱线上线下通识课程、微课、慕课、精品公开课，形成一批吟唱领域的研究成果，打造一系列吟唱传承品牌活动，共建一批吟唱传承基地等目标。

（二）形成内容丰富的文字音像资料宝库

1. 收集整理编辑一系列古典诗词吟唱教材

在已出版《古典诗词吟唱曲谱》《涉江诗词曲谱选》《古典诗词吟唱曲谱》《音乐美赏析》《古诗的吟唱》等六部吟唱方面的教材基础上，未来三年内再出版《初中必背古典诗词》等系列教材，并录制讲授吟唱技巧的视频教程。

2. 创建古诗词吟唱数据资源库

全面收集整理古诗词吟唱相关文献资料，包括各类古典词谱曲谱、《千字文》《百家姓》《三字经》《声律启蒙》、诗经、楚辞、唐诗、宋词等学习资源；收集整理网络上的各类吟唱公开课、示范课、吟唱名篇等；在日常吟唱培训、交流活动中，同步录制相应的吟唱艺术公开课、音频、视频等资料，为吟唱传承教学提供丰富的资源。

3. 整理民间吟唱优秀作品集

寒暑假期间，依托"三下乡"社会实践，组织师生社团赴湖北各地采风，收集记录民间优秀吟诵作品，制作成音频并存档，将音频资料转化为书面材料，更好地保存下来。

（三）搭建丰富多彩的吟唱交流平台

1. 组织开展一系列吟唱沙龙活动

积极参加全国各地举办的吟诵交流活动，待时机成熟尝试承办武汉高校、武汉市、湖北省、全国等不同级别的吟唱交流研讨会。

2. 培育一系列吟唱品牌活动

将吟唱艺术形式融入"高雅艺术进校园""优秀传统文化进校园""全国大学生艺术展演""五月的鲜花""文澜小剧场"等品牌活动之中，加强对中华古诗词吟唱的创新与传承。

3. 打造一系列具有中国传统节日特色的主题吟唱作品

结合春节、元宵、清明、端午、七夕、中秋、重阳等传统节日，振兴中国传统节日，组织开展"我们的节日"主题活动吟唱与中国重大传统节日以及二十四节气相关的古典诗词，加强对传统历法、节气、生肖和饮食等的研究阐释、活态利用，使其有益的文化价值深度嵌入师生生活。

4. 设计一系列吟唱与创作大赛

积极筹办中南古诗词吟唱与创作大赛、中南诗词大会、诗词吟唱音乐会等专题活动，通过线上线下相结合的方式，展播系列吟唱优秀作品，不断向学生和社会人士宣传展示中华诗词吟唱的精髓和无限魅力。

"三全育人"背景下高校劳动教育实践路径研究

马　晴　吴小燕

（中南财经政法大学工商管理学院）

摘　要： 劳动教育在培养全面发展的新时代大学生中发挥着重要作用，要加快教育现代化步伐，培养时代新人，就必须重视劳动教育的育人功能。深化实施劳动教育是培养新时代全面发展的大学生的必要措施，也是深化高等教育培养体系改革与实施教育强国战略的必然要求。随着社会迅速发展，在"三全育人"的改革背景下，高校应把劳动教育放到至关重要的位置。本文通过探究在高校育人工作进程中落实"三全育人"理念，同时开展系列创新性活动对学生自觉、自愿接受劳动教育的实践路径，从"全员""全程""全方位"三个视角推动劳动教育全面发展，实现劳动教育与德育、智育、体育、美育相融合，培养德智体美劳全面发展的高素质人才。

关键词： 劳动教育；三全育人；大学生；实践路径

一、关于劳动教育作用机理及实施路径的前期探究

2018 年，习近平总书记在全国教育大会上提出要求，"把劳动教育纳入培养社会主义建设者和接班人的总体要求之中，明确提出构建德智体

美劳全面培养的教育体系"。2020年7月,教育部印发的《大中小学劳动教育指导纲要(试行)》中明确强调把劳动教育纳入人才培养全过程,加快构建"五育并举"的教育体系。随着系列文件的出台和现实的客观要求,劳动教育在高校教育体系中受到了广泛和重点关注,成为教育学科领域的研究热点之一,在高校中实践劳动教育的必要性也日益凸显。加快构建全员全程全方位育人格局,是新时代高校严格落实中央要求,健全立德树人落实机制,形成更高水平人才培养体系的核心任务。"三全育人"理念为高校劳动教育实践提供了新的思路方法,同时也赋予了新的时代内涵和要求。

现有研究主要通过探讨劳动教育的作用机理及实施路径展开:在作用机理方面,叶志明等从历史角度分析了我国劳动教育的发展历程和现状,提出在高校人才培养中加强劳动教育,要彰显劳动教育的主体性,发挥劳动教育的综合育人价值[1];Segal Carmi 则探讨了不同劳动教育形态和劳动力市场需求与产出间的关系,得出"在同等教育程度下,开展与现代社会相适应的劳动形态教育和促进市场发展呈正相关"的结论[2]。在实施路径方面,王朕等以高校暑期社会实践为研究对象,研究其在劳动教育体系中的作用[3];章程辉等通过探析"劳动+"的教育模式,研究劳动教育在课程体系中的实现方式[4];高晓丽则从"五育并举"的角度探究"五育融合"的高校劳动教育体系[5]。

基于以上研究,本文以"三全育人"为背景,以服务性劳动为载体,探究高校劳动教育的实现路径,以期帮助学生树立正确的劳动价值观,调动和激发青年学生参加劳动的主动性和积极性,为推动高校劳动教育实践提供有益借鉴。

二、高校做好劳动教育具有成人、育人的价值意蕴

我国已开始全面建设社会主义现代化强国,国家现代化建设重视发展的质量和效率同时开始更多注重个体的全面发展和社会的全面进步。高校

要实现培养德智体美劳全面发展的学生，要为祖国建设添砖加瓦，就必须深刻认识到劳动教育的重要价值，在教学活动中全面推进劳动教育，并融入"三全育人"理念，开拓学生的劳动思维，培养学生的劳动素质，提升学生的劳动实践能力，在全方位的教育中引导学生树立正确的劳动价值观，从而形成热爱劳动的好习惯。

（一）做好劳动教育有利于学生开拓劳动思维，培养学生劳动素质

高校要在育人工作进程中全面落实劳动教育，首先要引领青年学生不忘初心、牢记使命，培养坚定的理想信念，通过弘扬劳动精神把信念教育融入大学生思想政治教育工作全价值链，首先应拓展学生劳动思维方式，在学生心中种下"劳动"的种子，便于后续开展工作。

（二）做好劳动教育有利于学生提升劳动实践能力

2021 年 2 月，习近平总书记在全国脱贫攻坚总结表彰大会上发表重要讲话，对苦干实干的扶贫一线人员给予充分肯定，"把论文写在大地上，真正来地里面写，那才叫真本事"[6]。高校应当把提升学生劳动实践能力放到相当重要的位置，因为"实践是检验真理的唯一标准"。

（三）做好劳动教育有利于学生树立正确劳动价值观，形成崇高的劳动品质

劳动教育蕴含自我价值感、获得感、关系重构丰富性等多重维度，在引导学生使用工具或技术改造客观对象时，将使其自觉或不自觉感受到人类特性中劳动本质的伟大，从而鼓励学生发现自我、欣赏自我、创造自我，进一步塑造自我[7]，培育劳动人格。

（四）做好劳动教育有利于学生养成良好的劳动习惯

同学们在进行理论学习的同时，也要多开展体力劳动，将理论运用于实践，脑力与体力劳动相互促进，共同促使学生在劳动创造性实践或科学

创新性研究中拓宽、延伸、提升自身专业知识储备的广度、深度、高度，并且在思考与执行中打破固有思维，提升创新能力。

劳动教育是一个系统性工程，全面整合高校资源，建立和完善多元化劳育教育体系、劳动育人生态系统和评价体系，不断优化劳动教育内容，对于大学生的成长培育具有重大意义。

三、新时代高校劳动教育的实现路径

高校现行的"劳动教育"是指切实把劳动教育纳入人才培养全过程，将劳动教育与德育、智育、体育、美育相融合。开展劳动教育要结合理论和实践，将课程从教室拓展到生活，把劳动教育概念贯穿学生的日常教育全过程。本文融合"三全育人"理念，探究如何结合"全面育人"理论设置劳动教育引领、优化劳动教育质量的环节设置问题，其主要路径包括以下三个方面。

（一）"全员育人"横向促进师生共同劳动，厚植劳动情怀

高校劳动教育目前仍存在活动参与对象单一、缺乏劳动活力等问题，导致学生在劳动教育过程中缺乏积极性和主动性，因此，动员全体教师共同参与学生劳动教育活动中是解决此问题的关键。首先，高校党员教师号召学生党员发挥党员模范先锋作用，创新党员发展志愿服务工时制度，将志愿服务作为考察、发展和培养学生党员的重要指标；其次，辅导员主持"劳动"主题社会实践，通过师生共同进行社会实践项目，研究探讨劳动主题社会现象。共同推动学生自主、自发地形成劳动意识、劳动观念，自愿、自觉地参与劳动，引导学生真正领会并做到"全心全意为人民服务"的宗旨，推动劳动教育发展，形成向"劳"风尚。

（二）"全程育人"纵向深耕学生劳动教育路径，最大限度拓宽受众面

高校劳动教育可能存在集中于某年级开展的情况，不平衡的劳动教

育开展可能导致不同年级学生出现对于劳动教育认知层面、实践层面的跟踪误差。因此，在各年级均衡开展劳动教育、不同年级开展递进式的劳动教育是可行路径。在思想意识层面，高校以"重培养、递推进、全方位"为思路开展榜样评选活动、"劳动礼赞"主题宣讲比赛，挖掘身边的"劳动"典型的同时以榜样经典故事感染每一位团员青年尊重劳动成果、歌颂劳动者、弘扬劳动精神，引导同学们向劳动模范学习。在实践活动方面，高校制订就业指导服务计划，在不同年级开展有梯次的职场初体验、职场训练营及职场挑战赛等活动，这一过程中普及劳动就业相关理念，鼓励学生通过劳动创造精彩人生，整体上推动劳动教育落实。在此期间，开展劳动教育主题团日活动，以团支部为主开展劳动教育，更大程度上覆盖各年级全体同学。

（三）"全方位育人"从各维度全面发散劳动教育的可能性，赋予劳动教育更丰富的内涵和意义

高校劳动教育开展可能只着眼于"劳动"，并未对"劳动"这一概念进行拓展、变换、深化，意义过于单薄的劳动教育无法真正促进学生的全面发展。高校可以从志愿服务、红色文化、传统美德、回馈社会等多方面深入开展劳动教育活动，引导学生在不同的活动中体会劳动的重要性。在志愿服务方面，可以从暑期支教、奖助学金、心理咨询、法律援助等方面开展志愿服务，通过志愿活动发展劳动教育。在红色文化方面，通过学生讲解宣传党史，传承革命精神，通过红色革命发展劳动教育。在传统美德方面，可以开展构建阳光社区益老项目，在老人院定期开展服务活动，弘扬敬老爱幼的传统美德，让孝道深入人心，通过传统美德进行劳动教育。此外，可以通过开展活动强化大学生感恩意识，培养大学生的责任意识，激励广大受助学生立志成才、感恩奉献、回报社会，通过回馈社会发展劳动教育。

高校应结合学生生活实际和新时代现代化社会的需求，开拓切合学校特色的劳动教育模式，切实改进加强新时代学校劳动教育工作，培养

以劳树德、以劳增智、以劳强体、以劳育美的新时代社会主义建设者和接班人[7]。

四、结语

新时代,高校在培养德智体美劳全面发展的时代新人中责任重大,以贯通融合的方式落实劳动教育,将劳动教育融入学生教育的全过程中,才能创造出新时代高校劳动教育的新格局。

不同于以往以劳动教育课程、寒暑假社会实践为载体展开的研究,劳动教育可以从服务性劳动的角度出发,以服务性劳动为载体,从而丰富主题劳动实践教育开展形式与内容,增加活动参与度、拓宽活动覆盖面、提高活动影响力,注重实践活动和理论教育相结合,则可以激发出学生的劳动热情。注重在劳动中进行思想引领和实践教育,有利于学生在实践中思考,在思考中成长,最终成长为热爱劳动且能够为实现中国梦贡献力量的青年。本文考虑到学生发展的阶段性和动态性,基于"三全育人"的三个层次,构建出科学的劳动教育体系,"全员育人""全程育人""全方位育人"相互促进,协同发展,全方面推进了高校劳动教育工作,引导学生用劳动提升个人素质。在原有劳动教育基础上创新性地融入"三全育人"理念推进劳动教育的实践,并在不断实践中发现、总结现阶段劳动教育推进到实处出现的问题,促进高校对劳动教育的理解更加深入,育人工作思路更加清晰、方式方法更加科学,与此同时,推进师生协作、全程培养、多角度的劳动教育活动适应、适合不同学生的兴趣爱好与特长,促进劳动教育在整个大学阶段对人才的培养,真正做到因材施教。

此外,将高质量特色活动作为构建劳动教育体系的主要方式,并通过系列活动对学生开展引导、培养计划,可以在创新形式的基础上提高活动的实效性,以达到用活动形式吸引人、用活动内容教化人的目的,从而落实劳动教育与德育、智育、体育、美育相融合,推动劳动教育事业发展,促进高校劳动教育模式可供借鉴,促使高校劳动教育模式的创新与发展。

参考文献

［1］叶志明，陈方泉，杨辉. 我国高等教育中劳动教育的演变、内涵与进路［J］. 中国高等教育，2020（Z3）.

［2］Carmit Segal. Misbehavior, education and labor market outcomes［J］. Journal of the European Association，2013（4）.

［3］王朕，赖世海. "三全育人"视域下加强大学生劳动教育的路径——以高校暑期社会实践活动为载体［J］. 开封教育学院学报，2019，39（12）.

［4］章程辉，肖娟. "三全育人"视域下"劳动+"教育的模式与路径探析［J］. 高校共青团研究，2020（Z1）.

［5］高晓丽. "五育并举"背景下加强高校劳动教育的内在依据与策略［J］. 思想理论教育，2020（10）.

［6］（现场实录）习近平：在全国脱贫攻坚总结表彰大会上的讲话［C］. 环球网，2021-02-25.

［7］万婕，朱惠蓉. 新时代高校劳动教育的价值意蕴与实践路径［J］. 山西师大学报（社会科学版），2020，47（06）.